Anton Lichtenauer

Gedanken, die den Tag beflügeln

Anton Lichtenauer

Gedanken, die den Tag beflügeln

KREUZ

www.kreuz-verlag.de

Umschlaggestaltung und Konzeption: Agentur R.M.E
Eschlbeck/Hanel/Gober
Umschlagmotiv: © plainpicture

Satz: Arnold & Domnick, Leipzig
Herstellung: fgb · freiburger graphische betriebe
www.fgb.de

Gedruckt auf umweltfreundlichem, chlorfrei gebleichtem
Papier
Printed in Germany

ISBN 978-3-7831-3468-1

Inhalt

Vorwort

In dem Film „Hannah und ihre Schwestern" von Woody Allen kommt der Held, ein Stadtneurotiker mit gepflegter Neigung zum Pessimismus, von einem Arztbesuch, ganz beruhigt, fast schon heiter. Sein Hausarzt hat ihm bescheinigt: Er ist gesund. Ihm fehlt nichts. Plötzlich aber verfinstert sich sein Gesicht. Ein Gedanke hat sich eingenistet, wie eine Fledermaus nachts im Gemäuer. „Na gut, im Moment mag das stimmen, aber eines Tages *wird* mir etwas fehlen ..."

Lieber ein Optimist, der sich einmal irrt, als ein Pessimist, der dauernd recht haben will – möchte man da nur sagen. Aber das ist leicht gesagt.

Gedanken sind geflügelte Wesen. Wenn wir glücklich sind: farbig, leicht, luftig, hell und beschwingt. Aber auch dunkel und schwer können sie sein – manchmal.

Wie Schmetterlinge können sie einen umtanzen: eine Vorstellung, die uns unwillkürlich selber beflügelt und unserem Schritt einen neuen Takt vorgibt, einen leichteren Schwung verleiht.
Und sie können nerven wie Schmeißfliegen. Schwirrend und sirrend wie Mücken und von denen man nichts sehnlicher wünscht, als dass sie die Fliege machen.

Gegen lästige Mücken helfen Netze und Gitter, zumindest geschlossene Fenster.
Und um Schmetterlinge zu sehen, muss man ins Freie, ins Offene gehen.
Gegen lästige Gedanken kann man sich wehren, indem man auf sie achtet. Man kann sie kontrollieren. Sobald sie sich einschleichen hilft nur: zurückweisen, aushungern.

Und: Man kann etwas dagegensetzen: Den eigenen Kopf lüften. Ihn öffnen für gute Gedanken. Das ist die wirksamere Methode.

Unsere Gedanken und Gefühle können reale Gegebenheiten anziehen bzw. erzeugen. Sie wirken sich aus auf unsere Arbeit, auf die Gesundheit, zwischenmenschliche Beziehungen, den Beruf – und auf die Laune sowieso. Wenn wir sie ändern, ändern wir uns selber.

Wenn der Alltag von Mehltau überlagert wird, dann sind gute Gedanken wie eine kräftige Brise. Sie wirbeln Staub auf, blasen ihn weg und machen hinter dem tristen Grau die Farbigkeit sichtbar, die in jedem Leben steckt.

„Das Glück hat Flügel", sagt ein Sprichwort. Die Zeit, die endlos schien und klebte, vergeht wie im Flug – wenn man auf andere Gedanken kommt. Gute Gedanken – und das Leben hebt ab. Es ist wie eine Ballonfahrt. Ein Ballon hetzt nicht, er lüftelt so dahin und verändert gerade so den Blick: Was groß schien wird klein. Und auf einmal sieht die Welt ganz anders aus.

Von guten Gedanken sollten wir immer eine gute Ration parat haben. Gute Gedanken, die luftig sind, heiter, belebend und stimulierend. Sie verscheuchen die schlechten Gefühle, sie lockern Beklemmung. Sie zeigen Richtung Ausweg. Sie sind sogar, wenn sie als Inspiration kommen, wie Engel. Die beflügeln, weil sie die Leichtigkeit selber sind. Sie können einem Tag, an dem man sich verrennt, eine neue Wendung, ein überraschendes Ziel geben.

Solche Gedanken sind hier gesammelt und in Stellung gebracht – für alle Fälle.
Es geht auf den folgenden Seiten um alles, was zum Leben gehört und womit man sich jeden Tag herumzuschlagen hat: Das Geld und das Wetter. Das Glück und das Pech. Das Essen und Trinken. Ärger, Arbeiten und Schlafen. Frühstücken und Träumen. Anfangen und Aufhören.

Fangen wir also an: Auch wenn der Wecker wieder einmal viel zu früh Lärm macht – auch heute ist „Musik drin". Alles kann sich zum Guten wenden.
Gute Gedanken sind wie ein heißer Kaffee am Morgen.
Sie erfrischen und beleben Geist und Kopf und Herz.
Sie stimulieren neue Energie.
Sie machen die Seele leichter und strahlen aus auf einen ganzen Tag.
Am Morgen und Abend zu lesen.
Immer wieder neu.

Aufwachen – aber richtig

Aller Anfang ist schwer.
Aber: Der Anfang ist die Hälfte des Ganzen.
Das weiß schon Platon.

Es gibt Tage, die viel zu früh anfangen.
Tage, an denen man nicht aufstehen möchte.
Der Wecker klingelt, und man würde sich am liebsten noch einmal umdrehen.
Manès Sperber hat es vermutlich an einem solchen Morgen erkannt: „Das Glück ist eine Überwindungsprämie."

Der Buddha sagt es anders:
„Es gibt nur einen Zeitpunkt,
an dem es wichtig ist zu erwachen.
Und der ist JETZT!"
Also: Raus aus den Federn!

Ganz gleich wie die Stimmung ist.
Ganz gleich wie das Wetter draußen ist:
Das Fenster auf!
Das Gesicht in die frische Luft halten.
Tief durchatmen.
Und den Tag freundlich begrüßen.
Und er wird freundlich sein.

Man nennt das die Freundlichkeitsrendite: „Man zeigt ein Lächeln und erntet viele." (Stephan Lermer)

„Nur der Tag bricht wirklich an, zu dem wir aufwachen." Sagt Henry David Thoreau.
Und mit uns wacht die Welt um uns auf zu neuem Leben.

Erst nachdem wir aufgewacht sind und nur, wenn wir aufstehen, werden wir unsere Träume wahrmachen können.

Eine katholische irische Nonne, die in ihrem Land ziemlich berühmte Sr. Stanislaw, erzählte einmal, wie sie am frühen Morgen einem Mann begegnete, der aus einem Pub kam, der um diese Zeit schon geöffnet hatte. Offensichtlich war er zu seiner Morgen-Kur da gewesen, um sich auf den vermutlich nicht ganz einfachen Tag einzustimmen. Sie hörte wie er zu sich sagte und es immer von neuem wiederholte: „Ist das nicht ein großartiger Morgen! Ich bin richtig gut drauf für diesen Tag."

Und die fromme irische Nonne hat dafür Verständnis. Sogar Gott, sagt sie, brauchte am Anfang der Schöpfung das Gefühl: Gut so. Siehe Genesis 1,31: „Und Gott sah, dass es gut war."

Es muss kein Pub am frühen Morgen sein.
Der gute Kaffee tut es auch. (Dazu gleich mehr.)
Oder die gute Nachricht in der Zeitung auf Seite 6.

Oder der ehrliche Schweiß nach dem morgendlichen Jogging.

Wir brauchen einfach am Anfang des Tags das Gefühl: Gut so!

Und auch wenn man mit dem linken Fuß aufgestanden ist – noch ist der Tag nicht verloren. „Die Qualität eines Tages zu verändern – das ist die höchste aller Künste" (Henry David Thoreau).

Man soll den Tag nicht vor dem Abend loben, heißt es zwar. Stimmt.
Aber richtig ist auch: Der Morgen ist klüger als der Abend. Wer gut geschlafen hat, sieht manches neu. Und sicher weniger schwarz.

Es heißt zwar: „Nichts bewahrt uns so gründlich vor Illusionen, wie jeden Morgen ein Blick in den Spiegel." (Aldous Huxley). Vermutlich bezieht sich die Bemerkung von Groucho

Marx auf ein solches Erlebnis: „Ich vergesse niemals ein Gesicht, aber in diesem Fall wäre ich froh, eine Ausnahme machen zu können."

Morgens, direkt nach dem Aufstehen, sich genüsslich strecken – und sich dann mindestens 30 Sekunden lang im Spiegel zulächeln – der Tag beginnt ganz anders.

Es ist gar nicht so schwierig: 30 Muskeln müssen wir anstrengen, um die Stirn zu runzeln, 13 genügen, um zu lächeln.

Das Leben kurz. Aber der Tag ist lang. Und was wir aus unserem Leben machen, entscheiden wir am heutigen Tag.

Sei vergnügt bis um 10 Uhr morgens. Der Rest des Tags wird dann wie von selber laufen. (Elbert Hubbard)

Und vor allem: Gelassen anfangen!

„Jeder Morgen ruft zu,
das Gehörige zu tun
und das Mögliche zu erwarten.“
(Johann Wolfgang von Goethe)

Aber zunächst einmal das Frühstück!

Zum Glück gibt es Kaffee

Wussten Sie, dass man vor dem Bekanntwerden des Kaffees in Europa am Morgen Biersuppen zu sich nahm? Und dass noch Friedrich II. (1744–1797) damit aufwuchs? Erst später wurde man auf angenehme Weise wach – mit Kaffee.

Es stimmt: Der Mensch lebt nicht vom Kaffee allein. Aber was wäre das Leben ohne Kaffee? Kenner sagen: Das Leben wäre nichts.

Was den Menschen vom Tier unterscheidet? Weniger als man denkt. Aber sicher ist: Eines ist auf jeden Fall schon mal der Kaffee.

Und was wäre der Tag ohne Frühstück? Die erste Tasse frisch gebrühter Kaffee. Stark und heiß. Die erste Chance, sich bewusst als Mensch zu fühlen.

Wie der Kaffee sein muss? Unter Kennern herrscht dazu Übereinstimmung. Alexandre Dumas gehört zu ihnen: „Drei Dinge gehören zu einem guten Kaffee, erstens Kaffee, zweitens Kaffee, und drittens nochmals Kaffee."

Auch Abraham Lincoln war ein solcher Kenner. Jedenfalls wird er mit der ebenso höflich wie deutlich vorgetragenen Bitte zitiert, die er an den Kellner in einem vornehmen Restaurant richtete: „Das soll Kaffe sein? Bringen sie mir bitte Tee. Sollte dies Tee sein, bringen sie mir bitte Kaffee."

Und wie soll er nun sein, der ideale Morgentrunk? Dunkel wie die Nacht, die vorbei ging? Oder hell wie der Tag, der anbricht?

„Je schwärzer die Nacht, je schöner der Tag", sagt man in Arabien. Und: „Der Kaffee ist schwarz, aber sein Lob weiß."

Schwarz und Weiß. Der Zusammenfall der Gegensätze. Das ist keine Schwarz-weiß-Aussage. Das ist Mystik. Oder eine Definition von Glück. Und die besagt: Jeder Tag, auch der heutige, ist für unser Glück gemacht. Jeden Tag machen wir uns auf, um unser Glück zu machen. Oft ist das mit Stress verbunden, der nicht enden will. Dabei weiß jeder Philosoph: Nicht nur Milch ist wichtig. Guter Kaffee braucht auch Ruhe. Hektik bringt nichts. Dem Glück soll man sowieso nicht hinterher rennen. Es ist schon da. „Alles Glück beruht auf einem geruhsamen Frühstück." So hat es ein kluger Mensch zusammengefasst.
Zum Glück also gibt es Kaffee.

Kaffee inspiriert. Und belebt.
Und nach ein paar Tassen ist alles anders: „Der Kaffee kommt in den Magen, und alles gerät in Bewegung; die Ideen rücken an wie Bataillone der Grande Armée auf einem Schlachtfeld." Sagt Honoré de Balzac.

Ein anderer, weniger militärisch denkender als metaphysisch orientierter Landsmann von Balzac definiert, leidenschaftlich und klar: „Der Kaffee muss heiß wie die Hölle, schwarz wie der Teufel, rein wie ein Engel und süß wie die Liebe sein.“ (Ch. M. de Talleyrand)

Es kann auch ein doppelter Espresso sein. Mit der dichten, haselnussbraunen Schaumschicht. Anregend, nicht aufregend. Gesüßt oder ungesüßt: Auch das ein Muntermacher, der die Sinne anregt und zum Träumen einlädt.

Und wer schon am Morgen Espresso trinkt, der holt sich Sonne in sein Leben und Leben in den noch müden Tag. Der genehmigt sich ein Stück südliche Kultur, konzentriert, lässig, erholsam. Und aromatisch. Bargefühl pur. Bar jeder Hektik. Italien zu Hause. Ein kleines Paradies.
Dazu die Zeitung von heute.

Was die Bekömmlichkeit betrifft, da schneidet der Espresso im Vergleich mit herkömmlichem Filterkaffee übrigens nicht schlechter ab: Weniger Bitterstoffe, weniger Koffein. Espresso regt an, aber nicht auf. Seine gute Verträglichkeit verdankt er einem besonderen Röstverfahren. (Er heißt in Österreich deswegen auch „Röster“. Unter anderem.)

Espresso, das ist praktische Philosophie der Lebenskunst.

Und Espresso, das ist Süden, auch wenn draußen alles voller Nebel ist und das Licht einfach nicht durchkommen will. Übrigens: Nicht nur in Italien, Spanien, Portugal, auch Frankreich (wo er „express“ oder „petit noir“ heißt) erhält man, für Touristen oft überraschend, einen Espresso, wenn man Kaffee (ital.: caffè, frz., span.: und port.: café, gr.: καφές, bulg.: кафе) bestellt.

Wenn also in Italien der caffè bestellt und der Espresso serviert wird: Wussten Sie, dass dieser kurze Genuss für die Italiener ein so wesentlicher Bestandteil ihres Lebens, ja so sehr Grundnahrungsmittel ist, dass die jeweilige Kommune den Maximalpreis für einen Espresso „al banco" (stehend an der Bar) festlegt? Rituale brauchen Sicherheit. Da kann und darf nicht jeden Tag der Preis sich ändern. Der Tag muss sicher – und gelassen beginnen – und darf nichts überstürzen. Gelassen: Mit dem Espresso eben. Der Begriff leitet sich übrigens nicht von „express" (schnell) ab, sondern von it. *espresso* ab, und dem Verb *esprimere* (= ausdrücken: Gefühl, Meinung, Bedeutung).

Auch die Zubereitung einer guten Tasse Espresso hat nichts mit Hektik zu tun. Vielmehr ist es eine wahre Kunst, den caffè so zuzubereiten, dass er die Sinne beflügelt, an den letzten Urlaub im Süden erinnert – ohne jeden Tropfen Kerosin.

So beginnt der Tag mit einer guten Tat – für die Umwelt und für sich selber. Und dabei muss es nicht einmal bleiben. Eine wunderbare Tradition aus Neapel ist der Espresso „Sospeso" (ital. Aufgehobener). Man bestellt einen Espresso, bezahlt aber zwei. Dies ist eine soziale Geste der Italiener, denen es gut geht und die im Kleinen helfen möchten. Denn nun kann jemand, der sich keinen Espresso leisten kann, an der Bar nach dem sogenannten „Aufgehobenen" fragen. Und diesen kostenlos trinken.

Jeder tut Gutes nach seinem Vermögen.

Der Wiener Schriftsteller Franz Schuh zum Beispiel, der sich in der Tradition der Wiener Kaffeehausliteraten versteht, veröffentlicht in unregelmäßigen Abständen Zitate besonderer Menschen, die ihn inspirieren und motivieren. Er nennt die Kolumne „Espresso", weil – so sagt er selbst – die kurzen Texte einen herrlichen geistigen Geschmack entfalten und wach machen. Wie ein guter Espresso. „Espressivo" eben – in der Sprache der Musik.

In jedem Tag ist Musik drin. Das Leben ist reich. Das soll man schon am frühen Morgen merken. Die Eskimos, sagt man, haben 90 Worte für Schnee. Die Österreicher haben nicht nur unzählige Worte für das Morgengetränk, sondern damit verbunden unendlich viele Feinheiten in der morgendlichen Kaffeeauswahl. Den erwähnten Röster. Den großen und den kleinen Braunen. Den Milchkaffee. Den Einspänner. Die Schale Gold. Den Doppelmokka. Den Biedermeier Kaffee. Den Capuccino. Den normalen und den doppelten Espresso. Und wie sie sonst noch alle heißen: Fiaker, Franziskaner, Kaiserkaffee, Mazzagran, Türkisch, Verlängert, Melange, Maria Theresia, Mozartkaffee, Kaffee verkehrt, Mariloman. Und und und …

Jeder Tag braucht Rituale. Schon gleich am Anfang. Suchen auch Sie sich – wie Franz Schuh – einen Text, der dem Tag Geschmack, Inspiration und Motivation gibt: Der „Espresso-Text" für heute. Ein Text, der tagsüber Zeit hat, sich richtig zu entfalten?

Vielleicht das Gesetz der Heiterkeit von Jonathan Swift: „Die beste Methode, das Leben angenehm zu verbringen, ist, guten Kaffee zu trinken. Und wenn man keinen haben kann, so soll man versuchen, so heiter und gelassen zu sein, als hätte man guten Kaffee getrunken."

Auch davon kann man für den heutigen Tag etwas lernen.

Nicht lange abwarten – und wenn es denn sein muss, auch erst mal Tee trinken.

Sicher ist nur: *Es gibt ein Leben nach dem Frühstück*.

Arbeit ist das halbe Leben

Nach dem Aufstehen erwartet einen in der Regel bald die Arbeit. „Lieber Gott, lass Abend werden, womöglich noch vorm Frühstück." Es gibt sie, die Leute, deren tägliches Morgengebet so geht. Und natürlich gibt es auch die, deren Arbeitsmoral lautet: „Verschiebe nie auf morgen, was Du heute von anderen erledigen lassen kannst." Die im Büro sitzen und insgeheim denken: „Arbeit ist für mich alles: aber um alles kann ich mich nicht selber kümmern."

Aber auch die anderen gibt es, die sich erst lebendig fühlen, wenn sie zupacken: Der Mensch sei zur Arbeit geboren, wie der Vogel zum Flug, sagt Martin Luther. Arbeit ist schön. Wer arbeiten kann und Arbeit hat und etwas Sinnvolles tun kann, kann etwas gestalten. Er erfährt seine kreativen Möglichkeiten.

Sie hat auch das andere Gesicht. Arbeit kann hart sein. Sie kann Druck verursachen und krank machen. Workoholics sind genauso abhängig und genauso krank und unfrei wie Alkoholiker. Arbeitswut tut schließlich selten gut.

Wir arbeiten, um zu leben. Wir leben nicht, um zu arbeiten. Und wenn das Ziel des Lebens nicht ist, möglichst viel zu arbeiten, sondern zu leben, dann gilt es die Konsequenz zu ziehen aus der Wahrheit: Arbeit ist das halbe Leben. „Arbeit macht frei", stand aber auch über dem Eingang zu einem KZ. Ein zynischer Spruch.
Das Abendland kennt eine andere Tradition: „Der ist kein freier Mensch, der sich nicht auch einmal dem Nichtstun hingeben kann." (Marcus Tullius Cicero)
Oder, etwas moderner: „Muße, nicht Arbeit ist das Ziel des Menschen." Sagt Oscar Wilde.

Anfangen und anpacken: Leben heißt anfangen. Jeden Tag und immer wieder. Und der längste Weg beginnt mit dem ersten Schritt. Wer das weiß, bleibt gelassen.
Gelassenheit ist nicht ständiges Abwarten und Aufschieben. Genau der richtige Zeitpunkt kommt nie. Schon in der Bibel steht: „Wenn du wartest, bis der Wind und das Wetter genau richtig sind, wirst du nie etwas pflanzen und ernten." (Kohelet 11,4)

Selber anzupacken, das bedeutet noch lange nicht, dass man hektisch sein muss und alles an sich reißen sollte. Kluge Menschen wissen: Nur weil es Flugzeuge gibt, muss man nicht überall hin.

Trotzdem: nicht immer wartet die Arbeit. Im Orient gilt das Sprichwort: „Perlen liegen nicht am Strand herum. Wenn du eine Perle willst, dann musst du danach tauchen."

Leave it or love it – so heißt der Spruch, den man an manchen Büros sieht. Das ist etwas anderes als die resignierende Alternative: Flüchten oder Aushalten.

Die jährliche Gallup-Umfrage zeigt sich konstant: Rund zwei Drittel aller Beschäftigten sind unzufrieden mit ihrem Arbeitsplatz.

Jeder hat die Chance, seine Stimmung selber zu gestalten. Man kann jammern. Oder seine Einstellung ändern.
Tu was du kannst, mit dem was du hast,
dort wo du bist. (Theodore Roosevelt)

Ein Trick
Du hast eine unangenehme Aufgabe vor dir. Und neigst dazu, dich davor zu drücken. Aber es gibt auch noch unangenehmere: Denk dir etwas wirklich Unangenehmes aus. Und stell dich vor die Wahl: die unangenehme oder die absolut zuwidere Aufgabe?

Drei Fragen: Bevor man sich in eine Sache stürzt – kurz nachdenken:
Muss es wirklich getan werden?
Muss ich es tun?
Muss ich es gerade jetzt tun?

Neinsagen: Die Methode ist getestet und erprobt: „Danke, nein!“ Ein Satz, der – konsequent angewandt – eine der effizientesten Zeitsparmethoden sein kann.

Genau hinsehen: Wer hat es eilig? Die Sache, um die es geht? Oder der, der sie anschafft? Nur der erstere Fall ist wirklich von Bedeutung.

Warten – nicht nur sein Auto kann man warten. Warten ist eine Chance, um Zeit zu gewinnen. Manches erledigt sich von selbst. Aussitzen hilft natürlich hilft nicht immer. Aber manchmal kann es sehr effektiv sind.

Geduld. Manche Dinge erledigen sich, indem man sie liegen lässt. Karl Heinrich Waggerl erzählt in seinen Lebenserinnerungen, was er bei einem alten Dorfbürgermeister im Salzburger Land gelernt hat: „dass dem Ablauf der Dinge im Großen wie im Kleinen eine gewisse Trägheit innewohnt, etwas zielstrebig Fließendes, das alles weiterschwemmt und an den rechten Ort bringt, auch wenn wir uns einmal gar nicht darum kümmern." (Waggerl, Die Kunst des Müßiggangs)

Die meisten Aufgaben lösen sich von selbst. Man darf sie nur nicht dabei stören. Nichts ist schließlich so eilig, als dass es nicht durch Liegenlassen noch eiliger würde.

Nicht alles so tun, wie es der Vorgänger oder die eigene Mutter getan hat. Manche Dinge muss man gar nicht tun.

Nichts überstürzen: Der einzige, der Zeit für dich schaffen kann – bist du selber.
Arbeite einmal *daran*. Auch und gerade in der Einteilung und Erledigung der Arbeit geht das.

Nacheinander: Darin besteht der Fortschritt: einen Schritt nach dem andern zu tun. Erst einen. Dann den andern. Kein Durcheinander.

Weniger kann mehr sein: „Erledige immer eine Sache weniger als du könntest.“ (Bernard Baruch)

Unterscheide: Wenn Dich ein Problem nichts angeht, solltest Du auch nicht versuchen, es zu lösen.

Arbeit – das halbe Leben. Die andere Hälfte: Nichts tun. Nichts tun schafft Abstand und Überblick.

„Nichtstun ist besser, als mit viel Mühe nichts schaffen." Von Lao Tse, der das gesagt hat, stammt auch die Weisheit: „Durch Leichtfertigkeit verliert man die Wurzeln, durch Unruhe die Übersicht." Wer nichts tut, verliert auch langsamer den Überblick. Vielleicht gewinnt er ihn aber auch erst richtig.

Eine Pause gibt Kraft: „Wer pausenlos wie ein Pferd arbeitet, wird fast immer von dem überholt, der gelegentlich stehen bleibt, seine Lage überdenkt und weiterplant." (W. J. Cameron)

Anonyme Graffiti: Wer fleißig ist wie eine Biene, Kräfte hat wie ein Stier, arbeitet wie ein Pferd, abends müde ist wie ein Hund, sollte mal zum Tierarzt gehen, denn vielleicht ist er ein Kamel.

Der Anti-Burnoutfactor
Modern ist nur die Bezeichnung: Schon im 17. Jahrhundert wurde diese Einsicht formuliert: „Es fehlt dem Müßiggang der Weisen nur an einem besseren Namen: Wie, wenn man sich bereit fände, Nachdenken, Sprechen, Lesen und Stillhalten Arbeiten zu nennen?" (Jean de la Bruyère)

Reiß die Mauer nieder zwischen Arbeit und Entspannung:

Es ist bloß eine Barriere im Kopf. Lass dir – und dem Partner – Zeit, nach der Arbeit abzuspannen.
Bauernweisheit: Ein Boden, der ausgeruht ist, bringt eine bessere Ernte.

Übrigens: Entspannen sollte man sich immer dann, wenn man keine Zeit dazu hat. Und gerade dann, wenn man keine Zeit hat, sollte man sich etwas mehr Zeit dafür nehmen.

Und vor allem: Versuch deinen Job mit so viel Spaß und Freude wie möglich zu tun. Wer Freude hat, der brennt nicht aus.

Nicht vergessen. Nicht alles muss perfekt und glänzend gemacht werden. Manchmal reichts schon, wenn eine Sache überhaupt getan wird.

Eine Imaginationsübung: Stell dir vor, du liegst auf dem Sterbebett und blickst auf dein Leben zurück: Was hättest du mehr tun wollen? Tut es dir leid, dass du nicht mehr Stunden im Büro verbracht hast.

Pflücke den Tag

Das Schöne an der Zukunft ist, dass sie nicht irgendwann über uns hereinbricht, sondern heute schon anfängt (und dass sie, wie Lincoln gesagt hat, immer nur tagesweise passiert). Das macht den heutigen Tag so wichtig und so gut: Nicht irgendwann in der Vergangenheit, sondern *heute* sind die guten alten Zeiten, denen wir in zehn Jahren nachtrauern werden.

Glück ist eine Augenblickssache. Es ist nichts, was einmal war. Und nichts, was vielleicht irgendwann kommt. Vielleicht in zehn Jahren. Oder nach der Beförderung. Oder wenn's die Rente gibt. Nicht irgendwann – heute ist der Tag, an dem wir unser Glück versäumen – oder machen.

Nicht die Nostalgie bringt es.
Auch nicht das Warten auf bessere Zeiten.

Der Tag – nicht die Ansammlung von Terminen. Nicht eine Abfolge von Pflichten. Nicht Teil eines immerwährenden To-do-Kalenders. Sondern: Der Tag ist eine Blume. Eine Blüte. Eine Frucht am Baum deines Lebens:

„Pflücke den Tag", sagt der Dichter Horaz:
„Sei du klug und genieß. Koste den Wein.
Schneide dem kurzen Raum
Lange Hoffnungen ab.
Eben jetzt unter Gesprächen fliegt,
Fliegt die neidende Zeit.
Pflücke den Tag, traue dem Morgen nichts."

Wer „nächste Woche" sagt, wird möglicherweise „NIE" zur Antwort erhalten.

Ehrgeiz kann gefährlich sein. Mancher Karrierist hat es zu spät gemerkt: Wer heute 10 Stunden schuftet, um morgen Chef zu sein, der kann als Chef bald 14 oder 16 Stunden schuften.

Die Zukunft für die Gegenwart zu verkaufen – das bringt selten Glück.

Unterscheide heute das Notwendige vom Wichtigen. Und gewinne Zeit für heute. Tu das Notwendige. Und das Notwendige ist nicht immer das, was dir nicht gefällt. Nicht immer nur das, was nervt. Es ist oft auch das Schöne. Das, was jetzt gut tut. Dir und den anderen.

Verschieb das Zusammensein mit den Kindern nicht auf den nächsten Zoo-Besuch, auf den Urlaub irgendwann. Heute ist der Tag, sie zur Schule zu begleiten. Nimm dir schon am Morgen vor, den ganzen Abend mit ihnen zu spielen. Ihnen am Bett etwas vorzulesen. Oder einfach mit ihnen zusammen zu sein.

Man kann sein Kind und seinen Partner nicht irgendwann lieben. *Liebe ist jetzt.*

„Nutze jede Stunde, wenn du das Heute wahrnimmst, wirst du weniger vom Morgen abhängen; indem man das Leben aufschiebt, eilt es davon." (Seneca an Lucilius)

Das Gefühl, das man öfter haben kann:
Nicht irgendwann etwas tun.
Sondern jetzt und hier und gleich.

Fang wieder an zu joggen: heute.

Mach den lange aufgeschobenen Anruf, nicht irgendwann, sondern heute.

Sag deiner Frau, dass du sie liebst: jetzt.

Räum deinen Schreibtisch auf: jetzt gleich.

Der Zahnarzttermin liegt dir im Magen.
Ruf jetzt an.

Hör mit dem Rauchen auf, sofort.

Geh an die frische Luft – und zieh dich dafür gleich an.

Epikur rät seinen Schülern, heute nicht aufzuschieben, was heute Freude machen kann: „Keiner ist Herr über den morgigen Tag.“

„Ab morgen nie wieder“ ist die größte Lüge.
Nur hier und heute fühlt sich gut an.

Der eine Tag ist Raum genug: „Das Glück begreifen, dass der Boden, auf dem du stehst, nicht größer sein kann, als die zwei Füße, die ihn bedecken.“ (Franz Kafka)

Mach kleine Schritte. Gehs langsam an.
Aber gehs an!

Und vor allem: Heute nicht ärgern!

Mensch, ärgere dich nicht

„Jeder, der dich ärgert, besiegt dich," sagt der weise Rabbi Charles Klein.
Wer mit diesem Wissen aus dem Haus geht, wird schon die Sonne anders spüren und die Menschen anders sehen. „Suchen Sie Menschen, die Sonne ins Leben bringen", sagt Katherine Gibson. Wir können Menschen eine Grenze setzen, die unser Leben verdüstern, die uns belasten und ausnutzen. Und wir können die Nähe zu Menschen suchen, die unserer Seele gut tun. Eine positive Haltung steckt an und ist eine hervorragende Abwehr gegen negativ denkende Menschen. Wir haben das Recht auf Glück. Und das Ergebnis wird sein: „Als habe man plötzlich einen leuchtenden Schnitz Sonne verschluckt." (Katherine Mansfield)

Nicht immer sind es die Mitmenschen, die einen ärgern. Immer ärgert man sich selbst.

Nicht ärgern. Es gibt zwar Leute, die finden, das könne man so nicht verallgemeinern. Nach dem Motto: „Wer sagt, man sollte sich nicht wegen Kleinigkeiten aufregen, hat noch nie eine Mücke im Schlafzimmer gehabt.“ Das stimmt. Aber erstens gilt das nur im Sommer. Und zweitens: Wer kann sich schon den ganzen Tag im Schlafzimmer aufhalten?

Nicht ärgern, wenn ein Problem sich nicht gleich löst. Es stimmt: Eine Fliege, die nicht zu verscheuchen ist, ist nicht zu verscheuchen. Zunächst nicht. Aber die Lebenserfahrung zeigt. Irgendwann fliegt sie dann doch zum Nachbarn. Also: Loslassen.

Nicht ärgern. Und nicht mit dem Kopf durch die Wand rennen. Geradlinigkeit ist zwar eine Tugend. Aber was nützt sie, wenn sie in gerader Linie an eine Wand führt? Geradlinigkeit ist schön, aber man sollte sich auch nicht ärgern, wenn mal eine Kurve kommt.

Nicht ärgern, auch nicht wenn das Leben turbulenter wird als geplant. Chaos und Turbulenzen sind normal. Man sollte sie gelassen nehmen. Und sie als Chance sehen. Sogar Krisen haben ein positives Potential. „Krise ist die Pubertät der Idee“ (Werner Schneyder). Es gibt Eltern, die es erfahren haben: Pubertät wächst sich irgendwann aus. Und führt meist zu den schönsten Ergebnissen.

Nicht ärgern, wenn man zu spät kommt. Die Wissenschaft hat herausgefunden: Bei Flugzeugabstürzen überleben immer die, die zu spät gekommen sind.

Nicht ärgern. Nichts in sich hineinfressen. Nicht ewig nachtragend sein. Aber auch Konflikte durchstehen: Der Klügere gibt nach? „Nur weil die Klugen immer nachgeben, regieren die Dummen die Welt.“ (Anonym)
Das muss nicht sein. Konflikte gehören zum Leben und sind auch befreiend.

Nicht ärgern und nicht wütend werden. Wut tut nicht gut. Besser: Über Alternativen nachdenken: „Wer denkt, kann nicht wütend sein" – hat Adorno gesagt.

Nicht ärgern, wenn klar ist: Das Kind ist im Brunnen und keiner kann es mehr rausholen: Wenn etwas nicht mehr zu retten, ist, was nützt es dann, sich aufzuregen?

Nicht ärgern, wenn eine Lösung in Sicht ist: Wozu sich aufregen, wenn etwas zu retten ist?

Nicht ärgern über eigene Fehler. Fehler können nützlich sein. Unsere Mängel sind unsere besten Lehrer, aber gegen die besten Lehrer ist man immer undankbar. (Friedrich Nietzsche)

Also: Am Können feilen, nicht an Fehlern. „Diejenigen, die keine Fehler machen, machen den größten aller Fehler; sie versuchen nichts Neues." (Anthony de Mello)

Allerdings stimmt auch: Es macht keinen Sinn, mehr Fehler zu machen, als zum Lernen nötig sind.

Nicht ärgern, wenn du ins Stolpern gekommen bist. Wisse: Nur wer kriecht, stolpert nicht. (Niklaus Brantschen)

Nicht ärgern, wenn du nicht mehr weiterkommst. Es muss nicht an dir liegen. Die Dakotaindianer haben diese Einsicht in einen Rat gefasst: „Wenn du entdeckst, dass du ein totes Pferd reitest, steig ab." Manchmal geht es schneller zu Fuß.

Nicht ärgern. Probleme sind Geschenke der Vorsehung! Und auch wenn es scheint, dass etwas zusammenbricht. Es muss nicht so sein: Was die Raupe Ende der Welt nennt, nennt der Rest der Welt Schmetterling. (Laozi)

Es gibt eine grundlegende Einsicht, und die ist: Nichts ist perfekt. Und keiner ist vollkommen.

Wieso? Paul Valery weiß Genaueres:
„Gott hat alles aus Nichts erschaffen.
Aber das Nichts schimmert immer noch durch."

Ein frommer Jesuitenfreund hat, für den Fall dass jemand sehr verstockt ist und alles nichts hilft, ein Stoßgebet. Nicht unfreundlich.
Aber von einer gewissen Konsequenz.
„O Herr öffne ihm die Augen.
Oder schließe sie ihm ganz."

Aber kommt es am Ende nicht doch noch ganz dick? Für jeden?

Wie man's nimmt. Die Theologin Ingrid Riedel erzählt von ihrer Großmutter, die im hohen Alter gesagt hat: „Sterben müssen wir doch alle, da bringt es mich auch nicht um."

Alles andere wäre doch zum Lachen. Das meinen auch die Iren.

In einem irischen Pub im County Cork hängt ein Schild über der Theke. Eine Lehre fürs Leben: „Don't worry": Reg dich nicht, heißt es da: Es gibt immer zwei Möglichkeiten. Entweder du bist gesund oder du bist krank. Wenn du gesund bist – warum die Aufregung? Und wenn du krank bist, gibt es zwei Möglichkeiten: Entweder du wirst gesund. Oder du wirst nicht gesund. Wenn du gesund wirst - warum solltest du dich dann aufregen? Wenn du stirbst, gibt es auch zwei Möglichkeiten. Entweder du kommst in den Himmel. Kein Grund zur Aufregung! Oder du kommst in die Hölle. Und wenn du in die Hölle kommst, wirst du so viele gute alte Bekannte treffen, denen du die Hand schütteln musst, dass du gar keine Zeit haben wirst, dich aufzuregen. Wohin man mit so viel geradliniger Logik im wirklichen Leben jenseits der Kneipe kommt, bleibt offen. Es ist ja auch nicht ganz ernst gemeint.

„Wir sollten die Dinge lustiger nehmen, als sie es verdienen, zumal wir sie lange Zeit viel ernster genommen haben, als sie es verdienten.“ (Friedrich Nietzsche)

Das Glück geht durch den Magen

Irgendwann am Tag kommt der Appetit. „Seit Eva den Apfel gegessen hat, hängt eine ganze Menge vom Essen ab", hat Lord Byron gesagt. Und damit vieles auf den Punkt gebracht: den Zusammenhang von Liebe und Menschheitsschicksal, von Mythos und Speisekarte.

Liebe geht durch den Magen. Zum Glück gibt es Forscher, die bei dieser gefühlten Wahrheit nicht stehen bleiben. Sondern eine ganze Theorie menschlicher Evolution an das Kochen und Essen knüpfen. Dass unsere Vorfahren gelernt haben, das Feuer zu beherrschen und das Rohe zu garen – das war der Anfang aller Dinge. Der Beginn der Zivilisation zumindest. Ohne die Fähigkeit zum Dünsten und Braten, so die Forscher, säßen wir noch auf den Bäumen, könnten nicht aufrecht gehen und hätten ein unterentwickeltes Gehirn.

Kein Wunder, dass da die Menschheit noch heute ins Schwärmen gerät, wenn es aus den Töpfen dampft. „Essen ist der Himmel des Menschen, sagt ein altes chinesisches Sprichwort. In der hochverfeinerten Kultur Chinas sagt man – wohl aus diesem Grund – übrigens auch nicht „Hallo, wie geht's?", sondern: „Haben Sie schon gegessen?"

Instinktive Weisheit ist auch der Grund für die Slowfood-Mentalität der Chinesen: Man sagt dort auch nicht: Guten Appetit! Sondern: Man man chi – Schön langsam essen!
„Keine Speise, kein Leben." Heißt es in Taiwan.

Auch schlechtes Essen schlägt sich auf den Magen und aufs Gemüt. Auch das weiß jeder. Der Mensch ist eben, was er isst. Und zwar von Morgens bis Abends: „Hoffnung ist ein gutes Frühstück. Aber ein schlechtes Abendessen." (Francis Bacon)

Diätwahnsinn
Was sind dagegen alle kleinkarierten Diätüberlegungen? Die Fixierung auf das Idealgewicht? Es gibt Diäthysterie und Schlankheitswahnsinn. Manfred Lütz spricht von „Diätsadisten". Er steht damit in der Tradition des Aristoteles: „Solche Leute möchte niemand wegen ihrer Gesundheit glücklich preisen, die auf alles oder doch auf das meiste von dem verzichten müssen, wozu der Mensch nun einmal da ist."

Zu dick? „Alle haben das richtige Gewicht. Nur sind manche zu klein dafür." (Georg Thomalla)
Problem mit dem Gewicht? Sich genieren deswegen?
Der Rat eines Schwergewichtlers: Lieber 'nen dicken Bauch als gar nichts Hervorragendes.
Und überhaupt: Wer abnehmen will, sollte den Mund nicht so voll nehmen.

Ess- und Tischkultur
Slowfood, die Internationale Bewegung zur Wahrung des Rechts auf Genuss, legt Wert darauf: Wir können nicht nach dem Maß der Maschine leben und nach ihr das Leben modellieren. Es geht darum, das Geruhsame, Sinnliche zu verteidigen – Genuss und Gemütlichkeit, geruhsame und ausgedehnte Lebensfreude sind die Stichworte.

Die Wurzeln von Slowfood liegen weit zurück:
Unregelmäßige Mahlzeiten sind der Beginn der Krankheit. Das steht schon im Babylonischen Talmud. Da heißt es sogar: „Wer auf dem Markt isst, gleicht einem Hund."

Lass dir Zeit beim Essen:
„Wer gemächlich isst, dessen Tage und Jahre währen lang." (Babylonischer Talmud)

Hast erzeugt Magenkrankheit. Das ist eine alte jüdische Weisheit. Jeder moderne Arzt würde es unterschreiben. Jeder kultivierte Mensch sowieso. Denn in der Entwicklung des Geschmacks hier und jetzt ruht der Keim einer neuen Kultur. Hektik passt da nicht.

„Ich hetz nicht. Ich bin doch nicht auf der Flucht." So steht es auf einer Tafel in einem Wiener Caféhaus.

Herr Robert, Oberkellner im Café Landtmann schreibt in der ZEIT über seinen Beruf: „Der Gast ist der König – doch der Chef bin ich." Und aus seinem überlegenen Wissen kritisiert er „die Leute, die schon weg sind, bevor sie überhaupt eintreffen, die vermehren sich wie die Hasen. Die wollen ihren Tafelspitz schon vor der Bestellung verspeist haben, Na, na – so gehds ned. Das ist kein Leben, das ist eine Hetz!"

Er fährt in seiner Klage fort. Die Damen verlangen ein „Müsli ohne Müsli, den kleinen Braunen in der großen Melange-Tasse, mit Schaum, ohne Obers, sehr wählerisch.
Die Damen müssen betreut werden, die Herrn werden einfach nur bedient, wissens eh, was ich mein. Höflich, naturgemäß."

Nicht nur in den Restaurants verderben die Sitten. Auch zu Hause. Wenn etwa der Göttergatte später heimkommt und auf der Suche nach seiner Götterspeise einen Zettel vorfindet: „Liebling, dein Essen steht im Kochbuch!"

Der Gegenort zum Wiener Caféhaus ist die Currywurstmitfrittenbude oder der McDonald-Drive-in: „unmittelbare Bedürfnisbefriedigung bei minimalem Zeiteinsatz". „Rosis Brutzelpfanne" „Udo's Senftöpfchen": Gehäkelte Sprüche für den speziellen Geschmack hängen da: „Futtern wie bei Muttern" und „Happa happa wie bei Pappa."

Die Berliner nennen die Pappteller für die Currywurst: Schälchen aus Schlaffporzellan – „Haste Hunger haste Durst? Trink wat oder issne Wurst!" Diese Imbisslyrik sagt doch schon alles!

Die NZZ nennt solche Stätten des hastigen Verzehrs nährwertfreier Kost „Bratoasen in der Stadtwüste". Die Imbissbuden haben so aparte Bezeichnungen wie „Chicken-Center" und ihre Delikatessen tragen Doppelnamen: Pommes mit Mayo, Currywurst mit Brötchen, Knacker mit Senf oder Kebab ohne Zwiebeln.

Wie viel anders ist die große Tradition der wahrhaft humanistischen Antike: „Kommt nur immer herein, die Götter wandeln auch in der Küche." (Heraklit)

So köstlich ist das Glück. Wahrheit ist konkret. Ästhetisch und ethisch zugleich. Und man kann sie schmecken. Ein Gastrosoph hat das so formuliert: „Wer mit nüchternem Magen bei dem unverhofften Anblick einer guten Speise gefühllos bleibt, der hat keinen Sinn für das Gute; wer aber das Gute nicht schätzt, der ist ein Bösewicht."

Von metaphysischem Ernst ist auch die Weisheit von Woody Allen: „Ich hasse die Wirklichkeit. Aber sie ist der einzige Ort, wo man ein anständiges Steak bekommt."

P. S. Es muss nicht immer Steak sein:
„Denn Spargel, Schinken und Koteletts,
sind doch mitunter auch was Netts."
(Wilhelm Busch)

Und die Bibel hat doch Recht:
„Iss freudig dein Brot und trink vergnügt deinen Wein; denn das, was du tust, hat Gott längst so festgelegt, wie es ihm gefällt." (Kohelet 9,7)

Die gleiche appetitliche Nüchternheit
spricht aus der Volksweisheit:
„Esst, was ihr habt. Und denkt, was ihr wollt."

Die seligen Tage aber brechen noch an, wenn man erst essen kann, was man will … Und z. B. an frisch geschlagene Sahne auf lauwarmem Apfelkuchen denkt.
Oder an den Duft von frisch gebackenem Brot.
Oder an frisches Zitroneneis an einem heißen Sommertag …

Und nach dem Essen geht es weiter, ohne Stress: Gut essen – und verdauen. „Das Glück ist für mich weitgehend eine Sache der Verdauung“ (Lin Yutang).

Aus einer Apotheker-Werbung nach Weihnachten: Sodbrennen hat viele Gesichter.

Trinken – die flüssige Wahrheit

Die Wissenschaft hat auch dies festgestellt: Der Mensch besteht zum größten Teil aus Flüssigkeit. Auch das flüssige Glück hält Leib und Seele zusammen. Manche halten – wenn sie Essen und Trinken im Blick auf die Glückseffizienz vergleichen – das Essen sogar für ausgesprochen sekundär:

„Viel Essen macht nur breiter
Und hilft zum Himmel nicht,
es kracht die Himmelsleiter,
kommt so ein schwerer Wicht.

Das Trinken ist gescheiter,
das schmeckt schon nach Idee,
da braucht man keine Leiter –
das geht gleich in die Höh!"
(Joseph von Eichendorff)

Hunger und Durst, Essen und Trinken – ein Glückselexier: Drei Bedürfnisse gibt es, deren man sich nicht schämen braucht: Den Hunger nach Liebe. Den Durst. Und die Sehnsucht nach Glück. (Keltisch)

Iren – die Nachfahren der Kelten – feiern gern. Und irische Mägen und Leber halten bekanntlich viel aus. Manche sagen, eine irische Beerdigung unterscheide sich kaum von einer irischen Hochzeit. Doch, doch, sagen die einheimischen Kenner: Bei der Beerdigung gibt es einen Betrunkenen weniger!

Der ist aber vermutlich schon unterwegs ins himmlische Glück. Begleitet von den guten Wünschen und dem klassischen Trinkspruch seiner Zechkumpanen: „Mögest du eine halbe Stunde im Himmel sein, bevor der Teufel merkt, dass du tot bist.“

Ebenfalls eine Wahrheit von einer Insel: „Wein ist zum Trinken. Wasser ist zum Ertrinken." (Sizilianisches Sprichwort)

Philosophisches: Gegenüber irischer Trunkenheit wirkt der Aufruf zur Askese aus Bayern nahezu ernüchternd: „Leute, versauft nicht euer ganzes Geld. Kauft euch lieber ein Bier dafür", hat der Philosoph Karl Valentin gesagt.

Ein anderer Denker, Friedrich Hegel, hat bekanntlich im Tübinger Weinland studiert. Die Wurzeln der folgenden Weisheit liegen also im Schwäbischen. „Im Wein liegt Wahrheit – und mit der stößt man überall an."

Poeten aller Zeiten und Kulturen rühmen die Macht des Weins: „Heilig ist der Trunk, mühelos öffnet sich des Kundigen Herz im Rausch." Das schrieb der Tang Dichter Li Bai im 8. Jahrhundert. Und Baudelaire stellt klar: „Wer nur Wasser trinkt, hat etwas zu verbergen."

Gottesbeweis
Ein besonderes Lob des edelsüßen ungarischen Tokajers, den Pablo Neruda den „Goldring an der Hand Ungarns" nannte, reicht ebenfalls an theologische Dimensionen: Voltaire schrieb in einem Brief an den jungen Friedrich II. von Preußen: Wer ein Glas Tokajer trinke, halte ein Zeichen für die Existenz Gottes in der Hand: „Ich wundere mich, dass man unter so vielen überstiegenen Beweisen für das Dasein Gottes noch nicht darauf verfallen ist, das Vergnügen als Beweis anzuführen; das Vergnügen ist etwas Göttliches, und ich bin der Meinung, dass jedermann, der guten Tokajer trinkt, ein wohltätiges höchstes Wesen anerkennen muss."

Askese und Sinn: Kann jemand bei Sinnen sein, der Asket in dem Sinn ist, dass er nicht mit allen Sinnen genießt?

Der 96 Jahre alte Thore von Uexküll, von dem bekannt war, dass er einige Flaschen naturreinen Weins am Tag trinken konnte, sagte in seinen späten Jahren einem Zeitungsreporter: „Wenn nur noch Askese das Leben verlängert, dann bin ich dafür, die Askese zu verkürzen." Auf die Frage nach seinem legendären Weinkonsum gab er nur zu Protokoll: „Ich habe Wein immer in nicht unerheblichen Mengen, aber nie unmäßig getrunken."

Er steht damit in der Tradition langen philosophischen Nachdenkens: „Wenn einer sich wissentlich des Weines so sehr enthielte, dass er die Natur arg beschwerte, so wäre er nicht frei von Schuld." (Thomas von Aquin)

Vor über 40 Jahren startete die französische Regierung eine Kampagne gegen den Weinkonsum. Motto: „Alkohol tötet langsam." Der Volksmund quittierte: „Wir haben's auch gar nicht eilig."

Heute weiß man, dass der mäßige Genuss von rotem Wein der Gesundheit geradezu förderlich ist. Also: nicht so schnell urteilen. Abwarten und leben.

Auch Warten kann ein Weg zur Wahrheit sein.

Die Wartezeit sollte man sich natürlich immer versüßen!

Schokoladenliebe

Schokolade ist mehr als Nachspeise.
Mehr als nur Genuss für zwischendurch.
Sie ist auch Vorspeise.
Verheißung.
Vorschein des Paradieses.
Auf der Suche nach dem verlorenen Paradies – sind wir das nicht alle? Irgendwie? Und jeden Tag? Auf der Suche nach dem einen, das nicht nur den Magen sättigt, sondern auch das Herz?

Schokolade ist ein Schlüssel zum verschlossenen Tor dieses Paradieses.

Leben spürt man im Genuss. Und der schönste Name für viele ist eben immer noch: Schokolade. Naschen ist das falsche Wort dafür. Wenn man selbst dahin schmilzt, sobald sie auf der Zunge zergeht. Aber in diesem Zergehen der Schokolade steckt mehr als Vergehen und Vergänglichkeit. Etwas Absolutes. Leidenschaft. Lebendigkeit. „Ein Mensch, der keine Schokolade isst, verpasst das Leben." Sagt Fred Morton.

Eine Götterspeise: Die Mayas waren davon überzeugt, dass das Paradies mit Schokolade zu tun hat. Sie glaubten fest: Der Geist eines guten Menschen darf nach seinem Tod im kühlen Schatten eines Schokoladenbaumes wohnen.
Auch die Azteken hielten die Kakaobohne heilig, und verbanden sie mit dem Gott Quetzalcoatl. Beide Völker brauten aus der Kakaobohne einen Trank, der Kraft und Macht verlieh. Als die Spanier nach Südamerika kamen und den Kakao entdeckten, nannten sie ihn „Speise der Götter" und hielten die Entdeckung über 100 Jahre geheim.

Mittlerweile hat es sich herumgesprochen.

Schokolade ist mehr als ein Energiespender. „Welchen Sinn sollen Patronen in der Schlacht haben? Ich nehme statt dessen Schokolade." (George Bernard Shaw)

„Irren ist menschlich. Schokolade ist göttlich." – Die Liebe zur Schokolade ist so legendär, dass manche sogar einen Mythos draus machen: Am Anfang schuf Gott die Schokolade, und er sah, dass sie gut war. Dann schied er die helle von der dunkeln. Und sah, dass die besser war. (Aber da scheiden sich schon wieder die Geister.)

Auch die zwischenmenschlichen Beziehungen, die ewigen Fragen von Liebe, Genuss und Schönheit werden über die Beziehung zur Schokolade in ein neues Licht gerückt:

„Alles was man braucht ist Liebe.
Aber ein bisschen Schokolade ab und zu
tut auch nicht weh." (Lucy van Pelt)

Manche Lebenserfahrung ist noch deutlicher zugespitzt: „Männer können nicht von Schokolade allein leben. Frauen schon." (Unbekannt)

Schokolade ist kein Ersatz für Liebe. Liebe ist Ersatz für Schokolade. Casanova soll nicht Champagner, sondern Schokolade getrunken haben. Im Film „Chocolat" kuriert Juliette Binoche mit schokoladigen Köstlichkeiten eine ganze Kleinstadt von Frust, Traurigkeit und nachlassender Liebeslust. Genuss ist heilsam.

Und was sagt Miranda Ingram: „Seien wir ehrlich: Schokolade ist weit zuverlässiger als jeder Mann."

„Es gibt nichts besseres als einen guten Freund. Außer einen guten Freund, der eine Schokolade hat.“ (Linda Grayson, The Pickwick Papers)

Die Schokoladenleidenschaft neigt zum Dualismus. Liebe tendiert zur Schwarzweißmalerei. Sie verfärbt die Weltanschauungen. Der Beweis ist ein Diktum von Leslie Oak Murray: „Es gibt nur zwei Sorten von Menschen in der Welt. Die einen sind die Schokoladenliebhaber. Und die andern Kommunisten.“

Schokolade – eine Fastenspeise: Schokolade ein Paradies für Schokophile. Aus dem Schokoladenparadies kann man freilich auch vertrieben werden. Durch die Waage.

Ein spanisches Sprichwort blickt der Wahrheit ins Auge: Ideen sollten klar – und Schokolade dick sein. Man muss weiter fragen: Macht Schokolade auch dick?

Angefangen hat sie anders. Als Fastenspeise. Bereits im 16. Jahrhundert wurde Nonnen und Mönchen Schokolade als Fastenspeise erlaubt. Und das sogar von höchster Stelle – vom Papst persönlich.
1569 hatten die Bischöfe von Mexiko eigens einen Abgeordneten zu Papst Pius V. in den Vatikan gesandt. Er sollte entscheiden, ob das Getränk mit dem Namen Xocoatl (Schokoladenwasser) in der Fastenzeit getrunken werden dürfe. „Der Papst kostete widerwillig, verzog das Gesicht und sagte: Potus iste non

frangit jejunium – Schokolade bricht das Fasten nicht", erzählt Manfred Becker-Huberti, ehemaliger Pressesprecher des Erzbistums Köln und renommierter Brauchtumsexperte. Denn was Schokoladenfirmen heute erfolgreich als „zarteste Versuchung" verkaufen, ist im puren Zustand weitgehend ungenießbar. Den leckeren, süßen Schokoladentrunk sollen zuerst Nonnen eines Klosters im mexikanischen Chiapas erfunden haben. Sie kochten eine Mischung aus gerösteten Kakaobohnen, Vanilleschoten und Rohrzucker zusammen auf. Dieser Brei mundete den Ordensfrauen so sehr, dass sie ihn auch während der langen Messfeiern tranken. Er behebe „die Schwäche des Magens" und lasse sie deshalb besser beten, argumentierten sie erfolgreich gegenüber dem zuständigen Bischof. Der wollte trotz päpstlichem Freibrief den Kakaogenuss nämlich ganz verbieten – aus Angst, er reize die geschlechtliche Lust der Klosterfrauen.

In Guatemala fanden Klosterköche schließlich heraus, wie man Schokolade in Form von Tafeln als feste Speise konservieren kann. Dann trat das Kakaoprodukt einen Siegeszug in Europa an – bis es Anfang des 17. Jahrhunderts zum Anlass einer erbitterten Auseinandersetzung zwischen Jesuiten und Dominikanern wurde. „Während die Jesuiten für die Schokolade eintraten, führten die Dominikaner einen Feldzug dagegen. Erst 1662 fand der Streit ein Ende – durch eine Schrift des Kardinal Brancaccio, zu Gunsten der Schokolade“, so Brauchtumsexperte Becker-Huberti.

Wer will, darf in der Fastenzeit für Schokolade also schon mal schwach werden. Und ohne Reue, aber mit Sinnen, mit Sinn und historischem Verstand genießen.

Geist und Seele tut der Verzehr von Schokolade gut. „Die Wohlfühlhormone Phenylalanin und Serotonin machen Schokolade zum Stimmungsaufheller“, erklärt Roland Bitsch, Professor für Humanernährung an der Universität Jena. Das lasse nicht nur Frauen in zyklusbedingten Stimmungstiefs verstärkt zur Schokolade greifen. Aber sie ist auch ein bewährtes Heil- und Hausmittel gegen Krankheiten. „Das liegt an den im Kakao enthaltenen Gerbstoffen, die als wunderbare Prophylaxe gegen Herzkrankheiten und Krebs wirken können“, so der Ernährungsexperte Bitsch.

Schokolade soll zudem den Alterungsprozess verlangsamen und ist vom Arzt empfohlen. Wer wollte es wagen, diese Chance nicht zu nutzen?

Und sie soll, isst man sie nur lange genug, das Leben verlängern. Sicher ist: Es wäre eine Sünde, sein Leben leichtfertig zu verkürzen.

An einer Schokoladenfabrik in Offenburg stand die Werbung: „Pralinen machen nicht dick. Sie formen den Menschen.“ Schokolade ist natürlich weit mehr als Bodybuilding. Aber ganz falsch muss diese Werbung nicht sein. Katherine Hepburn, Schönheitsikone einer ganzen Generation, dazu in einer Selbstaussage: „Was Sie hier vor sich sehen, ist das Ergebnis lebenslanger Schokolade.“ Wer sagt's denn?

Es muss nicht immer schweißtreibende Gymnastik sein. „No sports“, sagte Churchill und rauchte Zigarre. Auch wenn die Autorin nicht bekannt ist: Es muss eine Frau gewesen sein, die zu ähnlichen Einsichten, aber zu einer anderen Kompensationsformen kam: „Sport – welch schmutziges Wort. Jedes Mal, wenn ich es höre, wasche ich meine Hände in Schokolade.“

Übrigens: Schon um 1700 war Schokolade so populär wie heute Kaffee und wurde von Ärzten als Mittel zum Abnehmen verschrieben.

Und heute?

Schokolade – die schönste Diät, die es je gab. Eine Freundin rät zu folgender Schokoladendiät: „Eine Tafel Schokolade vor dem Essen. Und du hast weniger Hunger." Das stimmt, aber es macht nicht unbedingt schlanker. Diäten sollen übrigens ausgewogen sein. Vielleicht so: Nach jeder Tafel weißer Schokolade immer eine Tafel dunkle Schokolade essen?

Auf jeden Fall, da schwört meine Freundin auf einen Ratschlag der Schriftstellerin Judith Viorst, macht Schokolade stark. „Stärke", sagt sie – „das ist, wenn man eine große Tafel Schokolade mit der bloßen Hand in vier Teile bricht – und dann nur einen Teil isst."

Und wenn man gar nicht schlank werden will, aber doch Großes im Leben vorhat: Dann gilt: Wer jeden Tag eine Tafel isst, wird wenigstens eine Sache am Tag erledigt haben. Und gut schlafen können.

Schokolade verschönert – nicht den Menschen, sondern das Leben. Und das nicht nur alle heiligen Zeiten. Auch zwischendurch ist Leben. Vielleicht sogar das eigentliche.

Also, bevor die Arbeit wieder ruft:

Wo ist die Schokolade?

Lob der Faulheit

Die Arbeit ist etwas Unnatürliches. Etwas, was es im Paradies zumindest noch nicht gab. Peter Paul Althaus erzählt folgende Episode von einer Reise nach Neapel: Vor dem Bahnhof „lungerte“ ein Facchino, ein Gepäckträger. Ich fragte ihn, ob er meinen Koffer in das etwa hundert Meter entfernte Hotel tragen wolle. Er lupfte den etwas schweren Koffer, sah mich aus seinen tiefdunklen Augen schmerzlich an und sagte: „la mangiato oggi“ (ich habe heute schon gegessen). Heinrich Böll hat eine ähnliche Geschichte von einem italienischen Fischer erzählt, der nicht immer mehr und immer mehr arbeiten wollte, um dann am Ende wirklich leben zu können. Leben ist jetzt. Das ist die Weisheit aller Weisen.

Und schließlich ist Faulenzen nicht *nichts*: Man glaubt es kaum: Faulenzen ist ein Tätigkeitswort. Nichts getan, ist auch gelebt.

Faulenzen ist Lebenskunst:
Nur der, der lebt, lebt angenehm.
(François Villon)

Dichter und Denker haben das Thema aufgegriffen. Daraus wird deutlich: Faulheit ist viel mehr als nur die Angewohnheit, sich auszuruhen, bevor man müde wird. Faulenzen ist sogar eine Kunst. Faulenzen ist die Kunst, nichts zu tun und sich trotzdem nicht zu langweilen. Ein kluger Mann hat gesagt: Es gibt Millionen, die sagen, dass sie sich nach einem ewigen Leben sehnen. Und dann langweilen sie sich schon, wenn es an einem Sonntagnachmittag regnet.

An sich ist Müßiggang durchaus nicht eine Wurzel allen Übels, sondern ist, im Gegenteil, ein geradezu göttliches Leben, solange man sich nicht langweilt. (Sören Kierkegaard)

Wie schön ist es doch,
Nichts zu tun und sich
Hinterher davon zu erholen.
(Spanisches Sprichwort)

Ich habe den Tag als zu schön empfunden, als dass ich den Übermut hätte besitzen können, ihn durch Arbeit zu entweihen. (Robert Walser, Geschwister Tanner)

Die Faulheit allein ist göttlich. (Anatol France)

Was die Philosophen sagen
Marx hat gesagt, es komme nicht darauf an, die Welt zu interpretieren, sondern die Welt zu verändern. Diese Sicht ist revolutionär und kapitalistisch. Sie zielt auf Veränderung, auf Gestaltung. Auf Arbeit.

Odo Marquard, ein zeitgnössischer Philosoph, sagt: Es kommt nicht darauf an, die Welt zu verändern, sondern darauf, sie zu verschonen.

„Hauptsache gesund", sagen kluge Menschen. Sie wissen jedenfalls: Es lohnt sich nicht, das ganze Leben zu schuften, um Geld auszugeben, das man nicht hat, für Dinge, die man nicht braucht, um Leuten zu imponieren, die man nicht mag. Wer hektisch nach dem Überflüssigen jagt, ist in Gefahr, das Wesentliche zu versäumen. Entspannung lohnt sich, ist billig und kommt einem unmittelbar selber zugute.

Diese Volksweisheiten liegen ganz in der philosophischen Tradition Schopenhauers: „Die größte aller Torheiten ist, seine Gesundheit aufzuopfern, für was es auch sei, für Erwerb, für Beförderung, für Gelehrsamkeit, für Ruhm."

Dichterische Verteidigung der Faulheit
Fleiß und Arbeit lob ich nicht.
Fleiß und Arbeit lob ein Bauer.
Ja, der Bauer selber spricht,
Fleiß und Arbeit wird ihm sauer.
Faul zu sein, sei meine Pflicht;
Diese Pflicht ermüdet nicht.

Bruder, lass das Buch voll Staub.
Willst du länger mit ihm wachen?
Morgen bist du selber Staub!
Lass uns faul in allen Sachen,
Nur nicht faul zu Lieb und Wein,
Nur nicht zu faul zur Faulheit sein.
(Gotthold Ephraim Lessing, Die Faulheit)

O Müßiggang, Müßiggang! Du bist die Lebensluft der Unschuld und der Begeisterung; dich atmen die Seligen, und selig ist, wer dich hat und hegt, du heiliges Kleinod! Einziges Fragment von Gottähnlichkeit, das uns noch aus dem Paradiese blieb. (Friedrich Schlegel)

Weisheiten anonymer Denker

Man findet diese Einsichten gereimt und ungereimt. Sie sind witzig, nachdenklich und zugespitzt, meistens kurz und – fast wie die Sprichwörter unserer Vorfahren – anonym. Oft in Graffitis an Häuserwänden. Gedankengut für die Allgemeinheit:

Arbeit macht Spaß, Spaß beiseite.

Wer viele Überstunden macht, dem ist auch sonst nicht zu trauen.

Arbeit ist süß, ich bin aber leider Diabetiker.

Manche Aufgaben muss man zigmal verschieben, bevor man sie endlich vergisst.

Was du heute nicht erledigst, musst du morgen nicht korrigieren.

Führt ja wieder die 40-Stunden-Woche ein! 35 Stunden Schlaf sind einfach zuwenig.

Konsequent oder inkonsequent – aber nicht dieses ewige Hin und Her.

Arbeit hat noch keinen umgebracht, aber wir wollen kein Risiko eingehen.

Nixtun – das beste Training für die Mittagspause.

Wir sind so beschäftigt, dass wir zu nichts mehr kommen. Daher: Lieber nichts tun, als unter viel Mühen nichts zu schaffen.

Jeder macht, was er will, keiner macht, was er soll, aber alle machen mit.

Damit immer mehr immer weniger tun können, müssen immer weniger immer mehr tun.

Geld und Glück

„Geld ist besser als Armut. Und sei es bloß aus finanziellen Gründen". Woody Allen bringt es wieder einmal auf den Punkt. Mit Geld ist es fast so wie mit der Gesundheit. Es ist nicht alles. Aber ganz ohne – ist alles nichts. Oder zumindest ziemlich mies.

„Wenn man sich nicht gut fühlt, dann helfen nur drei Dinge: Eine anständige Beschäftigung, körperliche Anstrengung und ein unerwartet großer Geldgewinn." Sagt Dorothy Sayers in einem ihrer Krimis.

Nicht jeder will sich immer körperlich anstrengen. Aber wenn wir jeden Tag unterwegs sind, um Geld zu verdienen, kann und soll man auch mal über den Sinn des Geldes nachdenken. Die Meinungen gehen bei diesem Thema auseinander. Es sind aber doch elementare Einsichten, die unumstritten sind.

Geld allein macht nicht unglücklich. Das kann nur einer gesagt haben, der genügend hatte, um vergleichen zu können.

Geld allein macht auch nicht glücklich. Das hat jemand gesagt, der ebenfalls immerhin den Vergleich hatte. Das Glück ist immer eine relative Sache. „Der Mann ist reich, der im Jahr hundert Dollar mehr verdient als der Mann der Schwester seiner Frau." (H.L. Mencken)

Aber wenn man unglücklich ist, dann stimmt auch ein Satz von Oscar Wilde: „Geld allein macht nicht glücklich, aber es ist besser in einem Taxi zu weinen als in der Straßenbahn."

Geld macht wirklich nicht glücklich. Daran besteht kein Zweifel. Es gibt Zyniker, die behaupten das.
Allerdings meinen sie damit – bei näherem Hinsehen – das Geld der anderen.

Das Problem mit dem Vergleichen. Eine Karikatur von Pat Byrnes: Zwei reiche Golfer unterhalten sich: „Statistiker sagen, mein vieles Geld würde mich auch nicht glücklicher machen. Aber weißt du, was so ein Statistiker verdient?"

Auch Neid macht glücklich: Es gibt eine berühmte Karikatur von Barbara Smaller: Ein Mann vor dem Chefschreibtisch. Im Hintergrund der Schreibtisch seines Kollegen Parkerson. „Okay, wenn schon keine Lohnerhöhung für mich drin ist, wie wäre es mit einer Lohnkürzung für Parkerson."

Zu vergleichen – insbesondere sich mit anderen – ist Fortsetzung des Konkurrenzkampfes mit den Mitteln des Unglücks. In der Werbung für Luxusmarken, einer Branche, die vom Vergleich lebt, heißt es einfach nur: Wer sagt, Glück könne man nicht mit Geld kaufen, der gibt sein Geld nicht richtig aus.

Geldmangel kann auch glücklich machen. Wenn schon nicht mich, dann zumindest andere, die sich mit mir vergleichen. Geldmangel kann aber auch Unglück verhindern helfen. „Durch nichts ist so viel Unsinn verhindert worden wie durch fehlendes Geld“, sagt der französische Meisterdiplomat Charles-Maurice de Talleyrand-Perigord.

Über Geld spricht man nicht. Und doch muss manches einfach einmal gesagt werden. Es gibt Kinder, die auf die Frage, was sie einmal werden wollen nicht sagen, wie unsereiner: Forscher, Lokführer oder Pilot oder Bauer. Sie sagen einfach: „Reich!“ Da kommt man als Erziehender schon ins Grübeln. Und fragt sich, was man falsch gemacht hat.

Daher ist nicht alles, was folgt, für Kinderohren bestimmt.
Manches allerdings doch. Wenn man zum Beispiel von seinem neunmal klugen frühreifen Sohn gefragt wird: „Was ist eigentlich ein Nettoeinkommen, Papa?“ Was sagt man da? „Ganz einfach, mein Sohn, das ist die Provision, die dir der Staat für gezahlte Steuern zugesteht!“

Und auch das Thema Nachfolge und Vorbild sollte man vorsichtig angehen. Nicht wie Voltaire, der geraten hat: „Wenn Sie einen Schweizer Banker aus dem Fenster springen sehen, dann springen Sie hinterher. Es gibt bestimmt etwas zu verdienen.“

Ein paar harte Wahrheiten:

Geben und Nehmen: Man wird in der Regel keinen Freund dadurch verlieren, dass man ihm ein Darlehen abschlägt, aber sehr leicht dadurch, dass man es ihm gibt. (Arthur Schopenhauer)

Leihweisheit: Leihe dir Geld von einem Pessimisten – er erwartet nicht, dass man es ihm zurückzahlt. (Graffito)

Sein oder Haben: Reich sein, heißt nicht Geld haben, sondern Geld ausgeben. (Sacha Guitry)

Sehr entgegenkommend: Dem Geld darf man nicht nachlaufen, man muss ihm entgegenkommen. (Aristoteles Onassis)

Geld allein genügt nicht.
Ist Zeit Geld? Zeit ist Geld!
Das kann schon sein, aber Zeit ist besser!

Oscar Wilde dagegen sagt: „Zeit ist Geldverschwendung."
Was er meinte: Muße braucht der Mensch. Wilde ist nicht gegen das Geld. Aber kennt eben den kleinen Unterschied: „Geld ist nichts. Aber viel Geld, das ist etwas anderes." Und an anderer Stelle konstatiert er: Nur Leute, die ihre Rechnungen bezahlen, brauchen Geld.

„Um in der Welt Erfolg zu haben, reicht es auch nicht, dumm zu sein, man muss darüber hinaus gut erzogen sein." (Voltaire) Oder arrogant: Arroganz ist zwar die Perücke geistiger Kahlheit. Aber auch sie hat schon manchem geholfen.

Drei Fähigkeiten musst du zu beherrschen lernen, sagt der Experte: Lerne Geld zu verdienen. Lerne Geld zu sparen. Und lerne es auszugeben.

Weisheiten für den Umgang mit Geld:

Kaufen kann man im Leben viel, wenn nicht alles. Sagen die Zyniker. *Fast*: „Bis auf einen aufrichtigen Freund, eine uneigennützige Geliebte und eine gute Gesundheit." Ergänzt der Spötter George B. Shaw.

„Money can't buy me enough", sangen auch die Beatles. Geld kann mir nicht genug kaufen. Und: „Money can't buy my love." Meine Liebe ist nicht für Geld zu haben.

Falls unsere Gehaltsverhandlungen gescheitert sind: „Der höchste Lohn für unsere Bemühungen ist nicht das, was wir an Geld dafür bekommen, sondern das, was wir dadurch werden." (John Ruskin)

Und wenn wir erfolgreich waren in unseren Gehaltsverhandlungen und doch mehr Geld für unsere Arbeit bekommen haben: „Es spielt keine Rolle, ob wir materiellen Wohlstand besitzen. Es kommt darauf an, was wir damit machen." (Dalai Lama)

Die größte Fähigkeit des Menschen ist nicht die Zahlungsfähigkeit, auch wenn uns manche das glauben machen, sondern die Fähigkeit zu lieben.

Geiz lohnt nicht. Geld ist nicht zum Festhalten da. Es macht wenig Sinn, später mal der Reichste auf dem Friedhof zu sein.

Wetter ist immer

Natürlich ist jeder Spott über das englische Wetter ein Klischee. Die Sonne scheint über London so selten wie über München, Zürich und Wien. Aber: Wussten Sie, dass die Briten durchschnittlich sechs Monate ihres Lebens damit verbringen, über das Wetter zu reden? Vergleichbare Untersuchungen gibt es bei uns nicht. Und doch ist auch hierzulande ist das Wetter ein Lebensthema. Am meisten wohl in den niederschlagreichen Gegenden. Nicht alle haben das Glück, in der Gegend nördlich von Hamburg zu wohnen, wo der Himmel so weit ist und die Wolken so tief hängen und wo es, wie die investigativen Reporter des „Streiflichts" der Süddeutschen Zeitung herausgefunden haben mehr Arten von Regen als Berge in der Schweiz gibt. „Es ist ein Regen, der nicht fällt, sondern in der Luft steht, Tropfen für Tropfen. Unbewegt. Wer sich bewegt, das ist der Mensch, der bei jedem Schritt – nein, nicht nasser wird, sondern feuchter und immer feuchter."

Nicht jeder mag jedes Wetter. Auch wenn es immer wieder heißt: Alles Gute kommt von oben. Prinzipiell sind wir dem Wetter jeden Tag ausgesetzt. Und: Trotz Wetterbericht – es kommt immer anders, als man denkt. Das Wetter ist ja etwas, was nur gelegentlich und – wie es die Lebenserfahrung zeigt – in aller Regel höchst zufällig durch eine Vorhersage bestätigt wird.

Das Wetter – es ist ein Lebenssymbol. Nicht nur, weil es nicht alle Wünsche nach Planbarkeit erfüllt und immer anders kommt, als man meint und wünscht. Ja man kann sogar sagen, und manche sind aufgrund eigener Erfahrung felsenfest davon überzeugt: Es sei eine von Gott geschaffene Einrichtung zur Widerlegung des Glaubens an die Vorhersehbarkeit der Welt und der Ereignisse und eine Inspiration für den menschlichen Geist, alle Selbstsicherheit fahren zu lassen und demütiger zu werden.

Am Wetter kommt keiner vorbei. Sommer oder Winter (worüber noch zu reden ist). Herbst oder Frühling. Wetter ist immer. Ob wir darüber reden oder nicht. Ob wir darüber schimpfen oder nicht. In der Regel schimpfen wir darüber. Dabei wäre es wichtig, wie schon Karl Valentin gesagt hat, etwas dagegen zu unternehmen.

Was tun? Gegen das Wetter. Und für sich selber? Wetter kann einen aufheitern, wenn man in strahlender Sonne aus dem Haus geht. Aber es kann stressen, wenn man aus dem Fenster schaut und bei diesem Blick aus dem Fenster schon schaudert. Es gibt eben soziale, körperliche und innere Stressfaktoren.
Aber auch physikalische: Wetter kann ein Stressfaktor sein.

Man kann rational reagieren. Oder mit seinen Emotionen darauf antworten. Man kann pessimistisch oder optimistisch reagieren.

Das Herbstwetter, zum Beispiel. Man kann es mögen oder melancholisch finden. Oder sich leidenschaftlich dazu verhalten und sagen – wie der erste Satz in dem Roman „Schade um den schönen Sex" von Simon Borowiak: „Wenn man eine Jahreszeit heiraten dürfte, nähme ich sofort den Herbst."

Oder das Frühlingswetter. Man kann – und sollte! – den Frühling lieben. Und doch hört man, wenn es Frühling wird im Februar, die Pessimisten sagen: „Das werden wir noch büßen."

Wir sollten das Wetter als Chance sehen. Das Wetter ist nicht schuld, wenn sich im Juli das Fenster nicht öffnen lässt, das sich im Januar nicht schließen ließ. Es stößt uns nur an unsere

Grenzen. Es zeigt uns, dass wir endlich sind. Es lädt uns ein, seelische Stärke zu entwickeln. Man sollte in erster Linie also dankbar sein für das Wetter, das uns reifen, das uns geduldig und gelassen werden lässt.

Es gibt kein schlechtes Wetter, nur die falsche Kleidung, sagen die Abgebrühten. Was also tun? Rahel Varnhagen wusste die Antwort: „Nichts. Ich lasse das Leben auf mich regnen", sagt sie. Regen bringt Segen.

Vergessen Sie aber nicht, den Regenschirm mitzunehmen, wenn es regnet: Ein Regenschirm ist ja bekanntlich das Kleidungsstück, das für gutes Wetter sorgt, wenn man es dabei hat.

Regenwetter: Folge des Zusammentreffens von Hochdruckgebieten mit Kaltfronten, feuchten Luftmassen und Wochenenden. (Anonym)

Und vielleicht tröstet es: Auch im Urlaub kann Regen schön sein. Urlauber ist jemand, der es sich viel Geld kosten lässt, nur um zu sehen, wie der Regen anderswo aussieht.

Entfliehen können Sie ihm nicht. Sie wollen nach Salzburg? Nach Irland? Oder England? Regen ist immer dabei: In England gehört er, denkt man, sowieso dazu: so wie Cricket und eine korrekte Menschenschlange.

Keine Streitereien über den Regen also. Völker, die nah an Wüsten leben, sehen das sowieso ganz anders als wir und zwar deutlich positiver. Der erste Regen nach der Dürre ist wichtiger als die Auferstehung der Toten, heißt es im Talmud. Und an einer anderen Stelle steht in diesem großen Weisheitsbuch: Der Tag, an dem nach der Dürre Regen fällt, ist so groß wie die Erschaffung von Himmel und Erde. (Babylonischer Talmud, Taanit 7)

Die Zeit nutzen. Die Sprachen des Regens lernen:
Schnürlregen.
Ein kalter Guss.
Nieselregen.
Platzregen.
Schneeregen.
Graupel. Gewitterschauer.
Sintflut.
Mückenpisse.
Ein Sturzbach …

Es schüttet. Es gießt. Es tröpfelt. Es nieselt. Es regnet. Es platscht. Es nässelt. Es bieselt. Es plätschert.

Angefeuchtet kann man sein.
Aber auch:
Durch und durch nass.
Pudelnass.
Klatschnass.
Patschnass.

Haben Sie schon vom Hausregen gehört? Manche Leute können nichts wegwerfen. Wie die Schwiegermutter unseres Freundes. Die Tochter findet auf dem Speicher einen alten Regenschirm. Die Speichen verbogen. Leicht durchlöchert die Bespannung. Sie beschließt, ihn wegzuwerfen: Die Mutter: „Ach lass ihn doch. Im Haus kann ich ihn immer noch verwenden."

April, April: Und was tun, wenn man gar nicht weiß, wie das Wetter wird? Auch da gibt es Mittel und Medien: Nicht jeder kann sich einen Hausfrosch im Glas leisten: Der Frosch ist mehr als „ein Lurch mit essbaren Schenkeln" (so Ambrose Bierce). Er ist das Haustier, auf dessen Wettervorhersagen Meteorologen achten, wenn sie in Urlaub fahren.

Also am besten nichts tun, wenn es im April regnet. Auf keinen Fall sich ärgern!

Nur Geduld (sagt der Bauer): „Vom Regen im April zeigt der Mai seine Blumen."

April kann das ganze Jahr durch sein: Und gegen Aprilwetter kann man sowieso nichts machen. Also nehmen Sie es metaphysisch: „Der April – das ist der Engel unter den Monaten" (Vita Sackville-West)

Engel sind unberechenbar.
Aber sie wollen unser Bestes.

Und letztlich ist es Gott selber, der unsere Sonnenuhren aufzieht, sagt Lichtenberg in seinen Aphorismen.

Aber falls es wirklich regnen sollte, noch ein Tipp aus Irland: Es macht nicht viel Sinn, einen Regenschirm zu tragen, wenn die Schuhsohlen undicht sind. Und die Iren müssen's wissen. Von ihnen stammt auch der Rat: Beurteile eine Tag nie nach dem Wetter. Und die Weisheit: Kein Regen – kein Regenbogen.

Also was nun?: Gelassen bleiben. Den Regen nicht persönlich nehmen. Die Sonne im Herzen scheinen lassen.

Im fernen Osten lernen es die Kinder schließlich schon in der Schule:
„Wenn man lange genug wartet, kommt das schönste Wetter."

Sommer wie Winter

Ob Sommer oder Winter – das Wetter ist sozialer Kitt. Selten ist man sich so einig. Nicht erst im Büro mit dem Kollegen. Schon im Fahrstuhl. Oder am Bahnsteig beim Warten auf den Zug. Ist es zu heiß, schwitzt und stöhnt man gemeinsam. Sogar der ausgefallene Sommer ist Diskussionsstoff. Und wenn die Züge im Winter Verspätung haben, weil die Türen zugefroren sind und alle zu spät kommen, verbindet das wie jedes gemeinsame Schicksal.

Früher konnte man der Meinung sein, der Winter sei auch nur eine Erfindung von Leuten, die sowieso frieren. So Gisela Steineckert. Seit es wieder richtige Winter gibt, stellt sich die neue Frage neu und anders: Gibt es überhaupt richtige Sommer bei uns? Wer einmal in Italien war, wird möglicherweise Heinrich Heine zustimmen, dass der Sommer „bei uns nur ein grün angestrichener Winter" ist.

Winterzauber. Wintermärchen:
Jetzt ist die Zeit, während der die Welt Atem holt und sogar die Stille eine besondere Qualität bekommt: Nichts Schöneres, als auf das Geräusch einer fallenden Schneeflocke zu achten.

Freuen Sie sich am Schnee: „Auch wenn ihn manche nur als schick aufgemachtes Wasser anschauen." (Hörzu)

Freuen Sie sich an den Schneeflocken: Sie sind Regentropfen in Hermelin. (Anonym)

Freuen Sie sich am Rauhreif: Rauhreif nimmt dem Winter alle Erdenschwere. „Rauhreif ist die Mozartmusik des Winters, gespielt bei atemloser Stille der Natur ..." (Karl Foerster)

Wer Auto fährt, sucht jetzt allerdings nach dem Eiskratzer. Sie wissen schon, Eiskratzer: Autozubehör, der im Sommer immer aus dem

Handschuhfach fällt, im Winter dauernd unter den Sitz rutscht und nicht zu finden ist und dann zerbricht, wenn man ihn braucht. (Anonym)

Jetzt, hat jemand gesagt, ist die Jahreszeit, in der die Kinder die Türen offen lassen, die sie im Sommer zuknallen.

Ziehen Sie sich – und natürlich auch Ihre Kinder – warm an. „Zieh dich warm an!", das kann bedrohlich wirken. Muss aber nicht. Geben Sie – wenn Sie eine fürsorgliche Mutter sind – Ihren Kindern weiterhin einen Pullover. (Sie wissen schon – Pullover, das Kleidungsstück, das die Kinder tragen müssen, wenn die Mutter friert.)

Auch jetzt noch lässt sich sozialpolitisch vom Winter lernen – zum Beispiel aus den letzten Worten des New Yorker Revolverhelden William Mastersom (gest. 1921). Er fasste als

Quintessenz seines Leben vor seinem Tod folgendes zusammen und gab es als seine Lebenserfahrung an den „Morning Telegraph" weiter: „Ich habe herausgefunden, dass wir alle in unserem Leben denselben Vorrat an Eis bekommen: Die Reichen im Sommer, die Armen im Winter."

Es ist kein Naturgesetz, dass die Unverfrorensten am wärmsten sitzen müssen. Sorgen wir also zumindest in unserer Umgebung für Nestwärme. Oder wenigstens für Herzenswärme. Das ist immer noch die billigste Energiequelle.

„In einem guten Wort ist für drei Winter Wärme, ein böses Wort verletzt wie sechs Monate Frost." (Mongolisches Sprichwort)

Machen wir das beste:
„Komm, lass uns gehen
Schnee schauen, Sake trinken
Taumeln wie Flocken."
(Basho, japanischer Dichter)

So weit wie manche denken, liegen Sommer und Winter sowieso nicht auseinander. Im Gegenteil. Der Philosoph Manfred Hinrich hat die Wahrheit herausgefunden: Der Winter ist eigentlich nur eine Sommerpause.

„Sommer ist die Zeit,
in der es zu heiß ist,
um das zu tun,
wozu es im Winter zu kalt war."
(Mark Twain)

Aber natürlich hat der Sommer seine ganz besonderen Qualitäten. Auch dazu ein Philosoph: Aus einem Brief, den Nietzsche am 30.7.1887 aus Sils an seinen in Venedig schwitzenden Freund Köselitz schrieb: „Lieber Freund! Welch ein Sommer! Ich denke Sie mir im Zimmer sitzen, mehr Omelette als Mensch."

Da wird der Mensch zum Nichts und der Sommer zum Loch. Das Sommerloch ist bei Hitze besonders groß: Politiker sind gerne im Urlaub in der Zeit. Angeblich passiert da nichts. Wenn sie da nur nicht zu sicher sind! Am 1. August bracht der 1. Weltkrieg aus, im August 1945 fielen die Atombomben auf Nagasaki und Hiroshima.

Eine Möglichkeit, mit dem Sommerloch umzugehen: Verreisen! Nicht immer freilich, so die Statistik und die Erfahrung, hilft das: Sommerreisen: 90 % Vorfreude, 10 % Erinnerung.

Immer mit der Ruhe

Der Mensch ist kein Tier: Nach gesicherter Quelle hatte der ehemalige französische Staatspräsident François Mitterand, der sich angeblich weigerte, Uhren zu tragen, dafür eine einsichtige Begründung: Uhren seien wie Reitpeitschen für Menschen, die sich als Rennpferde missbrauchen lassen.

Im alten Rom war die gemächliche langsame Bewegung ein Zeichen von Freiheit. Wer rannte, war ein Sklave. Und heute?

Thornton Wilder erzählt in seinem Buch „Theophilus North" von den Menschen in Chicago und New York. In diesen schnellen Städte jagt Event den anderen. Frauen, Männer und Kinder leben kürzer, ihr Herz ist überbelastet, Hektik nimmt überhand und strahlt aus. Insektenforscher sagen, dass sogar die Ameisen in diesen Städten schneller rennen.

Nun ist uns aber die Ameise immer wieder als Vorbild hingestellt worden. Sogar in der Bibel. „Geh hin zur Ameise, sieh ihr Tun und lerne von ihr" (Buch der Sprüche). Der Mensch ist keine Ameise. Und sogar die Tiere sind nicht das, wofür man sie uns verkauft hat. Der Biologe Adrian Forsyth hat herausgefunden: Tiere sind fauler, als man gemeinhin annimmt. Löwen liegen demnach 22 von 24 Stunden nur herum. Man spricht, offensichtlich irrtümlich, auch von „Arbeitsbienen". Denn Bienen, deren ständiges Summen als Betriebsgeräusch einer biologischen Honigfabrik man noch vom letzten Sommer im Ohr hat, sind nur 30 Prozent des Tages mit Arbeit beschäftigt. Und sogar die Ameisen, Urbild des Fleißes, sind bei näherem Hinsehen anders als man dachte. Über dreiviertel ihres Lebens, genauer: 78 Prozent ihrer Zeit ruhen sie sich aus. Der Theologe Tiki Küstenmacher sagt zu Recht: Der Satz der Bibel bekommt auf diesem Hintergrund einen neuen, viel-

leicht sogar gerade in unseren von Tempo und Leistungswut bestimmten Zeiten aktuelleren Sinn: „Geh hin zur Ameise, sieh ihr Tun und lerne von ihr“ (Buch der Sprüche)
Ein echter Weisheitssatz!

Andere Weisheitssätze:
Bienen sind nie so eifrig, wie sie klingen, sie können nur nicht langsamer summen. (Anonym)

Der Weise kennt keine Hast und wer hastet, ist nicht weise. (Sprichwort aus Asien)

Die Ruhe ist eine liebenswürdige Frau und wohnt in der Nähe der Weisheit. (Epicharm)

Die meisten Menschen hasten so sehr nach Genuss, dass sie an ihm vorbeirennen. (Sören Kierkegaard)

Die Weisheit der Welt:
„Wer zu hastig Wasser in eine Flasche gießen will, wird mehr verschütten als hineingeht." (Spanisches Sprichwort)

„Immer langsam mit der Braut", heißt ein altes Sprichwort. Liebe verträgt keine Hetze.

Haste makes waste. Hektik verwüstet die Welt. Aus Zeitmangel passieren die meisten Fehler. Und sogar ein Atomkraftwerk soll einmal geborsten sein, weil die Techniker zu überlastet waren. Wenn die Ampel auf Gelb schaltet, droht Gefahr.

Was eine Ampel bedeutet, weiß jeder: Rot heißt Stopp. Grün heißt: Go. Gelb: Warten. Ein Junge wurde gefragt, was die Signale bedeuten. Seine Antwort: „Papa hält bei Rot. Bei Grün fährt er. Und bei Gelb gibt er Gas."

Oder ein Dialog zwischen einer Tochter und einem gestressten Vater: „Mir ist in der Schule was Schlimmes passiert. Kann ich dir da ganz schnell erzählen?" Der Vater erschrickt: „Du kannst mir alles erzählen. Und es hat keine Eile. Erzähls mir ganz langsam." „Ich werde es dir langsam erzählen", sagt die Tochter. „Aber kannst du auch ganz langsam zuhören?"

Große und originelle Leistungen haben es nicht eilig. Auch später ist noch Zeit dafür. DPA meldete vor einiger Zeit: Mit 30,86 Sekunden hat der Südafrikaner Philip Rabinowitz aus Kapstadt einen neuen Weltrekord aufgestellt. Er ist der schnellste 100-Jährige über 100 Meter. Das ist ja auch was.

Der wichtigste Rohstoff unseres Lebens ist die Zeit und auch die wird immer knapper. Glück braucht Zeit. Wer gierig ist, hat keine Zeit, um glücklich zu sein.

Das Leben ist kurz. Lass dir Zeit – dann gewinnst du Leben. Renn nicht einfach los. Schau erst, ob du auf dem richtigen Weg bist.

Was ist das rechte Tempo? So langsam gehen, dass einen die Schmetterlinge noch überholen können.

Lass dir Zeit und mach mal Pause

Nach dem Essen sollst du ruhn. Oder 1000 Schritte tun. Die Unterbrechung der Arbeit durch Essen und die Fortsetzung der Mahlzeit durch die Verdauung ist noch nicht alles. Es geht darum, die Pausenkultur zu vertiefen.

Der Philosoph Friedrich Nietzsche hat schon vor über 100 Jahren die atemlose Hast der Arbeit und die wilde Geldgier als das eigentliche Laster bezeichnet: „Man schämt sich jetzt schon der Ruhe; das lange Nachsinnen macht beinahe Gewissensbisse. Man denkt mit der Uhr in der Hand, wie man zu Mittag isst, das Auge auf das Börsenblatt gerichtet – man lebt, wie einer, der fortwährend etwas versäumen könnte."

Das genussvolle Pausieren steht unter Verdacht. Nicht erst seit heute. Im Grimmschen Wörterbuch steht: „Bei Luther etwa nimmt der Müßiggang den selben Stellenwert ein wie Fressen, Saufen, Spielen, Tanzen und Unkeuschheit. Dass der Müßiggang aller Laster Anfang ist, und des Teufels Ruhebank, sollte wohl allbekannt sein."

Dabei ist es umgekehrt: Nonstoparbeiten kann die Hölle sein.

Wer den Mut hat, Zeit zu verlieren, gewinnt: Wer Zeit gewinnen will, muss auch Zeit verlieren können, wenn wir die Zeit nicht verlieren können, geht sie uns verloren. „Je schneller wir werden, umso häufiger kommen wir zu spät. Das aber nicht, weil wir nicht rechzeitig da sind, sondern weil wir an den schönen und angenehmen Dingen des Lebens vorübereilen." Sagt der Zeitforscher Karlheinz Geißler.

Unterbrechung ist wichtig: Eine Studie hat herausgefunden, dass einer von fünf Chefs nie eine Kaffeepause macht. Man stellte fest, dass sich daraus ein negativer Effekt für die Gesundheit der Mitarbeiter ergibt, da diese sich genötigt sehen, nun ebenfalls auf Kaffeepausen zu verzichten.

Niemanden überrascht es – das Betriebsklima im Büro ist deutlich besser, wenn regelmäßige Pausen gemacht werden. Das Knüpfen von Kontakten unter Kollegen bei einem gemeinsamen Kaffee führt zu einem verbesserten Zusammenhalt der Belegschaft und zu verbesserten Leistungen. Das hat die Universität Cambridge in einer Untersuchung festgestellt. Dr. Brendan Burchell, der die Studie leitete, sagt: „Pausen während der Arbeit sind wirklich wichtig für das Wohlbefinden der Beschäftigten. Arbeiten ohne Pause kann zu Gesundheitsproblemen führen." Na also, wir haben es doch immer schon gewusst.

Wozu Pausen noch gut sind
In einem Wiener Expresszug war zu lesen:
Warten ist gut für die Bauchmuskulatur.
Wieso denn das?
Ganz einfach.
Einfach den Bauch einziehen.
Anspannen.
Und halten.
Und noch einmal von vorne.

Die Pause bringt den Stress zum Schmelzen.

Leben ist mehr als Arbeit im Nonstopverfahren. Und Pause nicht nur das Gegenteil von Streß und Aktivität. Sie muss auch nicht lang sein. Wer recht pausiert, hat mehr vom Leben, er hat die Zeit, die Genuss und Freude bringt. Er ist bei sich selber. Pausen sind wie kleine (oder große) Ferien. Sie geben dem Leben Rhythmus, Farbe, Zwischentöne, Lust und Glück. Relaxen, ein Nickerchen, die kreative Kunst des Nichtstuns, der Spaß des Pausenclowns, das Tanken an den Quellen neuer Kraft. Sie sind ein Geschenk.

Wer pausiert, weiß: Man kann nicht glücklich *werden*. Nur glücklich *sein*.

Hör auf, nach dem Glück zu jagen.
Stop einfach. Halt inne.
Lass das Glück zu dir kommen.

Nicht zu lange warten: „Wenn ick mal tot bin, mach ick, wat ick will." Das hat der Komponist und Liedermacher Friedrich Hollaender in einem Chanson gesungen: Man sollte nicht so lange warten. Urlaub ist bereits das Reich der Freiheit. „Das Reich der Freiheit beginnt in der Tat erst da, wo das Arbeiten, das durch Not und äußere Zweckmäßigkeit bestimmt ist, aufhört." (Karl Marx)

Pausen sind wie kleine Ferien. „Das leichtmütige Vergnügen der Kleinen Ferien, das zwischen den Tätigkeiten herumflattert, hält die Dinge auseinander, schiebt sich dazwischen, ein Luftkissen für Gesichter. Wie sehr alle Dinge Luft zwischen sich brauchen, um sich abzuheben und nicht trübe ineinanderzufliessen, wird man vor eitel drinstecken in der Arbeit nicht immer gewahr." (Maria Otto)

Pausen sind wie Luft zum Atmen.

Warum Pausen in der Natur so erholsam sind? Warum uns Gräser, Wiesen, ein Baum mit so reiner Lust erfüllen?
Christian Morgenstern weiß die Antwort: „Weil wir Lebendiges vor uns sehn, das nur von außen her zerstört werden kann, nicht durch sich selbst. Der Baum wird nie an gebrochenem Herzen sterben und das Gras nie seinen Verstand verlieren. Von außen droht ihnen jede mögliche Gefahr, von innen her

aber sind sie gefeit. Sie fallen sich nicht selbst in den Rücken wie der Mensch mit seinem Geist und ersparen uns damit das wiederholte Schauspiel unseres eigenen zwiespältigen Lebens."

Pausen in der Natur – die beste Möglichkeit, neue Kraft zu tanken. Im Gras liegen und die Energie der Sonne und der Erde spüren. Oder in einem ruhigen Wald langsam schlendern. Spüren: Die Erde trägt mich. Die Sonne scheint für mich. Die Stille schützt mich.

Es gibt Orte der Pause, Orte, die friedlich und ruhig sind – und die man ganz bewusst aufsuchen kann. Das kann eine Bank im Park sein. Ein Baum irgendwo. Ein Weg im Wald, der einen Bach begleitet. Ein bestimmter Blick aus dem Fenster. Ein Zimmer im eigenen Haus. Das Sofa in der Wohnung.

Es gibt Pausenorte und Pausenzeiten, die plötzlich kommen und die man in ein Geschenk verwandeln kann:
Schenk dir eine Pause, wenn der Zug Verspätung hat.
Wenn du auf einen Bus wartest.
Wenn der Stau sich nicht auflösen will.
Wenn du im Warteraum des Arztes lange Zeit hast.
Wenn die Ampel an der Baustelle gerade auf eine lange Rotphase geschaltet hat.

Durchatmen. Den Drang zur Aktivität unterbrechen. Das „Zeitloch" als persönliches Geschenk verstehen. Solche Momente sind über den Tag verstreut. Verbinde sie zu einer Pausenkette, die den Alltag wertvoll macht.

Pause – das ist nicht, wenn man sich die Zeit vertreibt. Sondern, wenn man die Zeit aus dem Blick verliert und sie dadurch gerade gewinnt und genießt.

In der Arbeit ist man bei der Sache. In der Pause bei sich selbst. Nur wer bei sich ist, kann auch die Arbeit anders sehen. Nur wer innerlich zur Ruhe kommt, wird auch eine äußere Ruhe-Zeit genießen können.

Pausen nicht mit Aktivitäten – auch nicht mit sogenannten Freizeitaktivitäten – zustopfen. Richtige Pausen haben mit Müßiggang zu tun. Sie sind die kleine Schwester der Muße. In einer Zeit wachsender Freizeit wird alles nur noch mehr auf Arbeit und Funktionieren ausgerichtet. Also: Phantasie in die Pausenkultur bringen.

Der Philosoph Cioran hat darauf hingewiesen, dass wir nicht nur auf unsere Leistungen stolz sein sollten und dass nicht nur die Zeit zählt, in der wir etwas auf die Beine stellen: „Unser eigentliches Vermögen: die Stunden, in denen wir nichts getrieben haben. Sie sind es, die uns formen, uns individualisieren, uns unterscheiden.“

Eine Zengeschichte: Als der eben angekommene Schüler den Zenmeister zum ersten Mal bei seiner Zen-Übung sah, fragt er ihn: Was machst du da?
Der Meister erwiderte: Gar nichts.
Der Schüler sagte: Du sitzt also nur faul da.
Der Meister: Wenn ich faul da säße, würde ich ja etwas tun!
Der Schüler, verständnislos: Hast du nicht gesagt, du würdest nichts tun? Was also tust du nicht?
Der Meister: „Das wissen nicht einmal die Götter!"

Tagträumen: Es gibt Leute, die zweifeln sogar, ob es Nichtstun überhaupt geben kann. Nicht einmal nachts kommt man zur Ruhe. Spricht man nicht sogar von nächtlicher Traum-Arbeit? Dagegen hilft nur ein Gegenbeweis: Das Tag-Träumen. Mitten am Tag still werden und sich auf sich selbst zurückziehen auf die Insel, die das eigene Ich ist. Endlich einmal nicht abgelenkt von äußeren Ansprüchen, von Zielen und Programmen. Endlich einmal nicht konsumieren. Endlich einmal nicht immer nur auf andere eingehen. Sich überfluten lassen von Eindrücken, die von innen kommen. Schwerelos Gedanken aufsteigen lassen wie Ballons, den eigenen Phantasien Freilauf geben, die Gedanken spazieren führen, zwecklos, spielerisch laufen, streunen lassen, konzentriert.

Für Vieldenker ist eine nützliche Pause das Abschalten der Gedankenmaschine und das Nichtsdenken: „Denn das Faulsein der Gedanken kann Erfindungen hervorbringen." (Friederike Mayröcker)

Der Mensch ist nicht zur permanenten Arbeit geschaffen, sonst würde er dabei nicht so schnell müde. Pausen geben Abstand – und Übersicht: „Von dem, was du erkennen und messen willst, musst du Abschied nehmen, wenigstens auf eine Zeit. Erst wenn du die Stadt verlassen hast, siehst du, wie hoch sich ihre Türme über die Häuser erheben.“ (Friedrich Nietzsche)

Perspektivenwechsel: *Pausen sind nicht alles.* Und jede Pause muss ein Ende haben, sonst verliert sie ihren Sinn. „Wenn alle Tage im Jahr gefeiert würden, wäre Spiel so lästig wie Arbeit.“ (William Shakespeare)

Perspektivenwechsel

Ändere deine Gedanken und du änderst deine Welt, sagt der Gründer des Positiven Denkens, Vincent Norman Peale. Das klingt reichlich naiv. Aber ein anderer, dem man Naivität bestimmt nicht vorwerfen kann, stößt ins gleiche Horn: „Eine Veränderung eröffnet immer die Möglichkeit für weitere Veränderungen." Der Satz stammt von Machiavelli.

Wie das? Manchmal besteht die Schwierigkeit tatsächlich nicht darin, irgendwo anzukommen, sondern zur richtigen Zeit die Richtung zu wechseln. Wieso sollte es nicht auch vorwärts gehen, wenn es rückwärts geht?

Im Sportteil der „Süddeutschen Zeitung" stand die Geschichte eines Rückwärtsläufers: des 34jährigen Roland Wegner, der bei einem Wettkampf über 60 Meter rückwärts schneller sein will als Usain Bolt vorwärts bei seinem legendären 100-Meter-Weltrekord in Berlin. Eigentlich wollte der Leistungssportler und Spitzensprinter nur einmal etwas Verrücktes machen, nachdem er wegen einer Knieverletzung keine Sprints mehr laufen konnte. Das Laufen konnte er aber nicht lassen und weil er solche Schmerzen hatte, probierte er einfach einmal, rückwärts zu laufen. Er musste laufen, für die Psyche. Und beim Rückwärtslaufen war er schmerzfrei. Dann trainierte er, und irgendwann merkte er, dass es seinem Knie besser ging. Weil das Kniegelenk einen anderen Winkel hat und die Belastung nicht so groß ist. Jetzt macht er es professionell und schreibt ein Buch darüber. Sie sind versucht, zu lachen? Beim Rückenschwimmen lacht schließlich auch keiner. Es geht einfach um die Philosophie, allgemein etwas anderes zu machen und die Dinge aus einem anderen Blickwinkel zu betrachten.

Hier stehe ich, ich kann die Welt auch anders sehen. Eine solche Haltung macht gelassen gegenüber denen, die sich als Autorität aufspielen. Die schon damit zufrieden sind, dass alle anderen wissen, dass sie ihr Vorgesetzter sind. Das sind die Totengräber der Zusammenarbeit und der Gemeinschaft. Man sollte gelassen bleiben gegenüber ihrem Anspruch. Und lieber gelegentlich nachfragen. So wie bei dem, der von sich verbreitetet, er habe mehr als 1000 Leute unter sich. Auf die Frage, in welcher Branche er arbeite, kommt die Antwort: Ich bin Gärtner. Auf dem Friedhof.

Ein anderer Fall aus dem wirklichen Leben: Scheidung vor dem Richter. Probleme über Probleme. Der Lebensberater sagt: „Nicht gut. Trotzdem haben Sie noch Glück gehabt, wenn man bedenkt, dass jede zweite Ehe durch den Tod geschieden wird."

Was wir daraus lernen? Vieles, was uns Probleme macht, würde sich lösen, wenn wir es anders sehen könnten. Ein Perspektivenwechsel – der schnellste Weg zum Glück. Und manchmal auch ein Weg zur anderen Seite der Wahrheit: „Der Amerikaner, der als erster den Kolumbus entdeckte, machte eine böse Entdeckung." So ein prägnanter und treffender Satz von Georg Christoph Lichtenberg.

Und noch etwas lernen wir daraus: Jedes Problem erlaubt zwei Standpunkte: unseren eigenen und den falschen. So hat ein Zyniker einmal gesagt. Man könnte auch sagen: Es gibt immer drei Wahrheiten: Meine. Deine. Und die wirkliche.

Niels Bohr: Das Gegenteil einer tiefen Wahrheit? Möglicherweise eine andere, nicht minder tiefe Wahrheit.

Die Perspektive wechseln, das kann durchaus lebenspraktische Konsequenzen haben. So etwa in der folgenden Szene: Im überfüllten Bus tippt eine ältere Frau einen sitzenden jungen Mann auf die Schulter: „Gestatten Sie, dass ich Ihnen meinen Stehplatz anbiete?“ Der junge Mann wurde leicht rot. Und erhob sich vom Platz.

Alles ist relativ, sagte Einstein, der Erfinder der Relatitivtätstheorie. Und wenn man das erst einmal verstanden hat, kann man auch über einen Witz zur Erleuchtung kommen: „Meine ganze Erziehung hilft nichts, die Kinder machen mir einfach alles nach!“

Betrachte also immer die helle Seite der Dinge. So sagt man in Skandinavien. Und wenn sie keine haben? Dann reibe die dunkle, bis sie glänzt!

Pessimisten, Optimisten

An alle Schwarzseher gerichtet ist folgende Beobachtung von Giovanni Guareschi. Nur klärt auch sie nicht, wer nun letztlich Recht hat: „Sobald ein Optimist ein Licht erblickt, das es gar nicht gibt, findet sich ein Pessimist, der es wieder ausbläst."

Der Optimist unter den Pessimisten: Ich hänge mich auf – wenn alle Stricke reißen. Wenn etwas schief geht, dann eben gleich richtig, könnte voll Zuversicht der nur schwarzsehende Pessimist darauf antworten. Und der Optimist unter den Pessimisten ist auch im Nachhinein noch davon überzeugt: Es kann immer noch schlimmer kommen.

Ein Optimist sieht eine Gelegenheit in jeder Schwierigkeit; ein Pessimist sieht eine Schwierigkeit in jeder Gelegenheit. (Winston Churchill)

Der Optimist erklärt, dass wir in der besten aller möglichen Welten leben, und der Pessimist fürchtet, dass dies wahr ist. (James Branch Cabell)

Die glücklichen Pessimisten! Welche Freude empfinden sie, wenn sie bewiesen haben, dass es keine Freude gibt. (Marie von Ebner-Eschenbach)

Freilich: Was bedeutet die Welt einem Mann, dessen Frau Witwe ist. (Irisch)

Glauben oder Wissen

Der skeptisch-boshafte Menschenkenner Murray hat einmal festgestellt: Glauben sie nicht alles, was Sie hören und auch nicht alles, was Sie sagen.

Aber auch nicht alles, was man sieht, muss die ganze Wahrheit sein. Ein Wissenschaftler und seine Frau fahren mit dem Wagen übers Land. „Schau mal“, sagt die Frau, als sie an einem Bauernhof vorbei kommen, „die Schafe da sind frisch geschoren!“ „Ja“, antwortet der Wissenschaftler, der nur glaubt, was er sieht, „auf unserer Seite“.

Wissenschaft – oder was als solche daherkommt – kann ruhig selber angezweifelt werden: „Wenn du zwei Hühnchen gegessen hast und ich keines, haben wir statistisch gesehen, je eines gegessen.“ Sagte de Gaulle über den Wert von Statistiken.

Zum gleichen Thema Goethe: „Ich habe mich nie verrechnet, aber oft verzählt."

Nicht nur links und rechts kann leicht verwechselt werden. Auch groß und klein sind, manchmal nicht so einfach auseinanderzuhalten. Ein Floh kann einem Löwen mehr zu schaffen machen als ein Löwe einem Floh. Das ist eine Lebensweisheit aus Schwarzafrika.
Und als man den Literaturnobelpreisträger Isaac B. Singer fragte, ob er an die menschliche Willensfreiheit glaube, war seine Antwort: „Ich muss. Ich habe keine andere Wahl."

Und manchmal ist es einfach eine Frage der Entscheidung: „Da es sehr förderlich für die Gesundheit ist, habe ich beschlossen glücklich zu sein!" (Voltaire)

Auch Entscheidungen können die Relativität aller Wirklichkeit sichtbar machen: Ein Beispiel? Mrs Smith wird aufgefordert, bei einem Gerichtsverfahren ihrer bürgerlichen Pflicht als Geschworene nachzukommen. Sie lehnt mit der Begründung ab, dass sie nicht an die Todesstrafe glaube. Der Richter sagt ihr daraufhin: „Gnädige Frau, es ist kein Mordprozess, sondern eine Zivilsache. Es geht um eine Frau, die ihren Exmann wegen 25 000 Dollar verklagt, die er verspielt hat, statt sie, wie er es ihr versprochen hatte, zur Renovierung des Bades zu verwenden." „Wenn das so ist", sagt Frau Smith, „dann bin ich natürlich dabei. Und ich glaube, ich muss meine Meinung zur Todesstrafe revidieren."

Und manchmal ist alles nur eine Frage der Definition:

Was ist ein Sadist? Was ein Masochist? Wenn man nur richtig hinsieht – beides das gleiche. Ein Sadist ist ein Masochist, der nach der goldenen Regel handelt.

Wenn jemand versucht, zu versagen, und es schafft – was hat er dann getan?

„Verlieren ist wie Gewinnen. Nur umgekehrt." (Mark-Kevin Goellner)

„Um klar zu sehen, genügt oft ein Wechsel der Blickrichtung“, sagt Antoine de Saint-Exupéry.

Mitten im Trubel – tief durchatmen und sich kurz daneben stellen. Und fragen:
Wie schaut mein Problem in zwei Wochen aus?
In zwei Jahren?
In zwanzig Jahren?

In dieser Perspektive wird mancher Elefant zur Mücke. Und das Leben sieht schon jetzt ganz anders aus.

Auch das kann schon dies eine kleine Form von Glück sein: Kein großes Pech zu haben. Auch im Unglück liegt noch Hoffnung. Dass es aufhört. Und wenn es erst wirklich aufhört – welch ein Glück!

Glück und Pech

Glück und Pech können ganz nah beieinander liegen. Was ein Glück ist, kann sich im nächsten Augenblick als Pech erweisen. Und was Pech scheint, kann eine glückliche Wendung nehmen. Ein Schriftsteller hat einmal gesagt: „Es ist immer das Gleiche. Wenn man einen Stift hat, gibt's kein Papier. Hat man Papier, fehlt was zum Schreiben. Und hat man mal das Glück, dass man beides zusammen hat – fällt einem meistens nichts ein."

Glück ist also nicht nur eine besondere Gipfelerfahrung. Und es ist nicht nur für gewisse Stunden. Oder gar für seltene Momente. Wenn es stimmt, dass wir alle dazu neigen und darauf angelegt sind, Leiden zu vermeiden und Glück zu gewinnen (und es stimmt!) dann gilt generell: Glück ist eine Alltagsfrage.

Pech gehört zum Leben. Hinter jeder Ecke kann es lauern. Jeden Tag. Shit happens. Pech ist eine Tatsache.

Was verbindet Glück und Pech? Beides kommt. Und beides geht. Glück ist ein scheues Reh. Man sollte nicht hektisch hinter ihm herlaufen, weil man es sonst nur aufschreckt und verscheucht. „Wenn du glaubst, du hast das Glück, dann zieht das Glück den Arsch zurück“, so sagt es, etwas derber, ein tschechisches Sprichwort.

Aber auch Pech muss nicht nur negativ sein: „Auch ein Tritt in den Hintern bedeutet einen Schritt vorwärts.“ Das ist die Erfahrung von Marcello Guitry.

Lieber Glück im Unglück als Pech in der Strähne. Und nicht vergessen: Wer zuletzt lacht, stirbt wenigstens fröhlich.

Murphys Gesetz: Das berühmt-berüchtigte Gesetz Murphys besagt: Pessimisten haben doch recht. Und vermutet hinter einer Erfahrung eine Gesetzmäßigkeit. Zweimal hintereinander geht etwas schief – keine Sorge, das ist meistens erst der Anfang. Denn das Gesetz des Murphy lautet: „Alles, was schief gehen kann, geht schief."

Wissenschaftler haben zum Beispiel festgestellt: Die Chance, dass ein Butterbrot mit der Butterseite auf den Boden fällt, steht statistisch in direkter Relation zum Wert des Teppichs.

Und jeder Physiker wird das bestätigen: Wenn ein Experiment gleich gelingt, dann ist irgendwas falsch gelaufen.

Aus eigener Lebenserfahrung weiß ich: Immer wenn ich einem Handwerker zeigen will, dass ein Gerät nicht funktioniert – wird es genau in diesem Moment funktionieren. Und

wer hätte das nicht schon selbst erlebt: Ich warte auf einen Aufzug. Der erste fährt garantiert in die andere Richtung.
Oder: Da werden im Schlussverkauf die Schnäppchen angeboten: Wenn du eine Sache nicht gleich gekauft hast, ist sie sicher weg, wenn du zurückkommst. Natürlich fällt beim Umzug immer der Karton auf den Boden, der die wertvollsten Sachen enthält. Ein anderes Beispiel: Je länger man in einer Schlange ansteht, desto größer die Wahrscheinlichkeit, dass es gerade die falsche Schlange ist. Und haben Sie sich schon mal gefragt: Warum setzten sich die dicksten Leute im Theater oder im Kino vor einen hin – und meistens dann, wenn man keinen anderen Platz mehr suchen kann?

Und wenn's jetzt mal gerade gut geht. Später geht's bestimmt schlecht. Oder?

Die Frage ist allerdings, ob auch Glück Pech sein kann. Da geht man mit Mantel und Regenschirm aus – und es regnet garantiert nicht. Und bei Hemden, die einen Extraknopf angenäht haben, verliert man nie einen Knopf.

Nicht erfunden: Murphy ist übrigens keine Erfindung eines Pessimisten. Es gab ihn wirklich: Edward Aloysius Murphy jr. wurde 1917 in den USA geboren, war Luftfahrttechniker, später Bomberpilot der US-Luftwaffe. Seine Aufgabe: Flugzeuge zu testen und unfallsichere Sitze zu bauen. Am Körper der „Testpiloten" waren 16 Sensoren angebracht. An einem Versuchstag brachte ein Techniker es fertig, alle 16 Sensoren – die man auf zwei verschiedene Arten anschließen konnte – verkehrt zu montieren: Murphy fluchte über den Techniker: „If there is any way to do it wrong, he will find it."

Murphys Frau überliefert eine andere Version: „Wenn es mehr als eine Möglichkeit gibt, eine Sache zu erledigen, und eine der Möglichkeiten endet im Desaster, dann findet sich jemand, der diesen Weg einschlägt."

Ein Geburtstagsartikel der NZZ am 6.9.2004 endete übrigens mit der vorsichtigen Bemerkung: „Wenn nichts schief ging, geht Ed Murphy heute seinem 90. Lebensjahr entgegen."

Wer könnte dem Gesetz der Pechsträhne, die das Gesetz von Murphy behauptet, besser widerstehen als ein echter Pessimist. Denn ein richtiger Pessimist ist man erst, wenn man auch der Sicherheit der anderen Pessimisten nicht recht traut.

Ein Mann sagt zu seiner Frau: „Ich bin ein vollkommener Idiot!" Sagt die Frau: „Tröste dich, niemand ist vollkommen – nicht einmal ein Idiot."

Nur nicht aufgeben: Wenn du den Eindruck hast, du gehst durch die Hölle, dann bleib um Gottes willen nicht stehen, sondern geh weiter.

Wenn einem das Wasser bis zum Hals steht, sollte man nicht auch noch den Kopf hängen lassen! Und wer vor dem Abgrund steht, muss sich nicht darauf freuen, dass er bald einen Schritt weiter sein wird. Und, ganz wichtig: Wer merkt, dass er sich in einem Loch befindet, sollte aufhören weiter und tiefer zu graben.

Fazit: Geh immer zu den Beerdigungen anderer Menschen – sonst kommen sie nicht zu deiner. (Yogi Berra)

Die Kunst des Aufhörens

Irgendwann muss Schluss sein. Alles hat ein Ende. Auch der Arbeitstag. Ja, jeder Tag. Jeder Tag ist ein Kunstwerk. Und wir sind der Künstler. Wenn ein Bild vollendet ist, muss man aufhören. Der Maler Nikolaus Hipp, Professor an der Kunstakademie in Tiflis (Georgien), hat ein „Kompendium für Kunststudenten", ein Lehrbuch seiner Einsichten, geschrieben. Es besteht nur aus Sentenzen, in erster Linie darüber, wie ein Bild zu malen ist. Aber diese Einsichten sind übertragbar: „Langsam arbeiten. Gezielt Unterbrechungen machen. Am Ende aber muss man immer langsamer werden, da jedes Zuviel die vorherige Arbeit beeinflusst, verändert und zerstören kann."

„Wer den Zeitpunkt der Vollendung verpasst, kann die ganze Arbeit zunichte machen."

Irgendwann muss Schluss ein. So wie es das Glück des Anfangs gibt, so gibt es auch das Happy End. Wunderbar, wenn der Druck nachlässt, wenn die letzten fünf Minuten den Stress abklingen lassen und man in Gedanken schon im Freien ist.

Lass dich nicht vom Vorwurf kränken: Du wirst ja nie fertig! Du machst immer alles in letzter Minute!
Es weiß doch inzwischen jeder: Gäbe es die letzte Minute nicht, würde nie etwas fertig.

Schließlich ist morgen wieder ein Tag. Und auch den heutigen Tag sollte man nicht überfrachten. „Auch den heutigen Tag sollte man nicht nur nach der Ernte bewerten, sondern nach dem Samen, den du gepflanzt hast." (Robert Louis Stevenson)

Also loslassen und nach Hause gehen.

Heimkommen

Am Ende eines langen Tages.
Alles ablegen
Die Schlüssel
Die Akten
Die Krawatte
Die Geschäftskleider
Die Uhr
Den Stress
Die Angst
Die Hetze
Die Pläne
Die Schuhe
Den Ehrgeiz
Die Sorgen.

Und ankommen.

Zuhause sein.

Rilke lesen.

Zum Beispiel.
„Sieh, der Tag verlangsamt sich, entgegen
jenem Raum, der ihn nach Abend nimmt:
Aufstehen wurde Stehn, und Stehn wird Legen,
Und das willig Liegende verschwimmt."

Und dann: sich selber niederlegen,
alles ablegen.

Und dann: Gute Nacht!

Dann gute Nacht!

Im Büro mag Schlafen eine Form der Kritik sein. Am Abend ist es eine Form der Zustimmung zum Dasein. Und einfach eine Wohltat. Für manchen auch eine Entschädigung für all den Stress tagsüber.

Man musste den ganzen Tag wach bleiben, um schlafen zu dürfen. Wer nachts gut schlafen will, sollte zwar schon tagsüber seine Ruhe gehabt haben. Aber nicht bei jedem war das möglich.

Der Schlaf ist also hoch verdient. Und man braucht ihn auch, um sich zu regenerieren. Wer viel arbeitet, sollte auch die Gelegenheit zur Erholung ausschöpfen. Mindestens acht Stunden Schlaf braucht ein Erwachsener, sagt die Medizin: jeden Tag, um am nächsten Tag wieder fit zu sein.

Nur ein Drittel der Erwachsenen in Deutschland gönnt sich diese Zeit oder mehr. Zwei Drittel versuchen mit weniger auszukommen.

Wer acht Stunden schläft, der träumt davon 1,5 Stunden durchschnittlich täglich, nächtlich im Schlaf. Eine schöne Aussicht.

„Das Schöne ist weniger, was man sieht, als das, was man träumt." (Aus Flandern)

Wieso das? Träume erweitern die Vorstellung, vergrößern den Spielraum, öffnen den Horizont, lassen und mehr sehen.

Träume versprechen nicht nur – sie *sind* eine andere Zeit. Sie rechnen nicht in Fakten, sondern denken in Möglichkeiten und probieren etwas anderes, vertrauen darauf, dass es etwas gibt neben dem Gewohnten und Gewöhnlichen. Sie sind Farbe und bunte Abenteuer im Kopf. Leise und starke Alternativen zum Alltag. Sie lassen uns wachsam sein für andere Möglichkeiten. Träume machen lebendig. Sie erwärmen das Herz. Sie erhalten beweglich. Nähren die Kraft und Energie, speisen die Hoffnung und trösten zur Not: Alles kann anders werden. Alles kann neu anfangen.

Anders denken, anders leben – all das ist möglich im Traum.

Kein Ziel ist unerreichbar. Und keines muss man mehr aktiv angehen.

„Träume sind die Nahrung auf dem Weg zum Ziel." (Alexander Kluge)

Der Tag mag den Reichen gehören,
aber die Nacht gehört den Glücklichen.
(Johann Nestroy)

Wer Wünsche hat, der kann noch träumen.
Wer träumt, darf sich was wünschen.
Und darüber nachdenken, wie er sie sich erfüllen kann.

Aber nicht mehr heute.
Morgen ist auch noch ein Tag.